U0791289

你的选择对象，
决　定
你的生活质量

聪明姑娘的爱情抉择

颜亦欢　著

中国出版集团
现代出版社

图书在版编目（CIP）数据

你的选择对象，决定你的生活质量 / 颜亦欢著. --
北京：现代出版社，2019.3

ISBN 978-7-5143-7699-9

Ⅰ. ①你… Ⅱ. ①颜… Ⅲ. ①女性 – 婚姻 – 通俗读物
②女性 – 恋爱 – 通俗读物 Ⅳ. ①C913.1-49

中国版本图书馆CIP数据核字（2019）第047233号

著　　者　颜亦欢
责任编辑　袁　涛
出版发行　现代出版社
地　　址　北京市安定门外安华里504号
邮政编码　100011
电　　话　010-64267325 64245264（传真）
网　　址　www.1980xd.com
电子邮箱　xiandai@cnpitc.com.cn
印　　刷　三河市金泰源印务有限公司
开　　本　880mm × 1230mm 1/32
印　　张　7.5
字　　数　150千字
版次印次　2019年6月第1版　2019年6月第1次印刷
标准书号　ISBN 978-7-5143-7699-9
定　　价　39.80元

版权所有，翻印必究；未经许可，不得转载

序言

多年之前，我遇见了江先生。

江先生满足了我对爱情的所有幻想，我们原本都以为彼此会是陪伴自己终生的伴侣。可遗憾的是，我没能成为江太太。

多年之后，一次偶然的机会，我在一家餐厅碰到了江先生。他的身边坐着他怀孕的妻子。

我去买单的时候，他也走了过来。

一阵客套寒暄后，他有些感慨："原本以为我们会共度余生，结果我们走向了不同的人生。"

我点了点头。

的确，一个人选择不同的对象，也就选择了不同的人生。

我有一对双胞胎网红朋友，两个女生的家庭富裕，都很聪明漂亮。

在面对爱情时候，两个人做出了不同的选择。姐姐嫁给了一个不起眼的IT男，多年后IT男创业成功，姐姐过上了豪门生活。而妹妹却为了一个混迹于娱乐圈的十八线小明星而失去了做母亲的能力。

姐姐用一手好牌打出了王炸，妹妹却硬生生把一手好牌打得稀巴烂。

其实我们大多数人手上的筹码都是差不多的，奇怪的是，有人能用这堆筹码开疆辟土、人生美满，有人却输得倾家荡产、追悔莫及，而这一切的一切，可能只是因为一个选择。

前些年母亲对我说过一句话："女人要考虑的无非一件事，怎么样通过选择，让自己活得漂亮。"

我们总会在某一个突然的时刻，想起自己若干年前的一个小小的选择，而恰恰是当初的这个选择，影响了乃至贯穿了我们的整个人生。

亲爱的，不要逃避选择，现在开始，学会如何去选择一段漂亮的人生。

目　录
contents

第一章
他只是看上去和你很配

第二章
什么才是对的，什么才是好的

第三章
你要等，也要找

第四章
你的选择对象，决定你的婚姻质量

第五章
再合适的爱情，也需要用心经营

第六章
一段好的爱情，应该是相互成就

第一章

他只是看上去和你很配

01.

谁说没房没钱的男人，就一定会爱你

“欢欢，你一定要记得这句话，穷是挫骨钢刀。”

几天前我接到大学时期好友阿May的来电，冗长的寒暄之后，她以此做出总结陈词。

她说完这句话的同时，微弱的电波并没能掩盖得住她沉重的叹息。

阿May是我们专业最漂亮的女生。

早在大一新生刚军训那会儿，就有几个其他系的男生冒着可能会被教官惩罚“迎风奔跑一万里”的危险到女生宿舍楼下堵阿May，要联系方式，她的表情始终淡淡的，即便是皮肤被烈日晒得黝黑，眉眼间依旧流露出迷人的神色。

她拒绝所有男生的口径都只有一个：“不好意思，我有喜欢的人了。”

所有人都好奇阿May喜欢的人究竟是何方神圣。真正见到本尊了，无一不大跌眼镜。

她喜欢的人叫阿南，我第一次见到阿南的时候，他刚辞了手头上的工作，说要去创业。

阿南比阿May大三岁，是她的初中同学，高中肄业。

阿南长得很清瘦，看上去生活得很落魄，在一个二线城市租了一个十多平方米的车库。后来听说阿南的月薪并不至于让他活得这么窘迫，只是因为他爸爸欠了高额的债款，导致他连高中的学费都没办法负担，只能早早出来打工。

对于阿南的经历，我们大多都是唏嘘。唏嘘之余，都好言规劝阿May，让她不要冲动。

可你永远低估了一个陷入爱情的女人的盲目与偏执。

她居然在众人的声声劝阻中和阿南同居了。

阿May大三那年，阿南创业失败，阿May编了个谎向家里要钱，她和阿南的事情最终还是没能瞒得住父母，她爸妈大老远从老家跑过来，恨铁不成钢地扇了她好几个嘴巴子。

阿May因此和家里反目成仇，她吃了秤砣铁了心似的非阿南不嫁。

我们几个室友在宿舍里拦住她母亲，年近半百的女人拿起屋子里的扫把就往女儿的身上打。

阿May声嘶力竭地问：“妈，你凭什么阻止我和阿南在一起？我们是真心相爱的！”

“就凭他穷！”

“穷我们可以改变，阿南不会让我一直穷下去的。”那时候的阿May是这样说的。

可是很多年后，他们依旧住着那十几平方米的车库，唯一的变化，只有阿May鼓起来的肚子。

阿May大学毕业之后去了一家私企打工，每月三四千元的收入，在一个二线城市养活自己没什么大问题，可是阿南那还不完的几百万就像是一把利刃架在她脖子上，让她连喘气都难。

她每天起得很早，去市场买菜，穿陈旧的衣服，用廉价的护肤品。

后来阿May和我见了一次。当她站在我面前的时候，我吓了一跳。还不到30岁的怀着孕的女人，身材干瘦，面色发黄，头发干枯。

看着她，我的眼泪差点掉下来。我依然记得当年军训时，在女生宿舍楼底下，她在一群男孩子簇拥下的骄傲自信，自带光芒。可现如今，她落魄到了这种境地。

以前阿May力排众议的时候总说："爱情不是用金钱来衡量的，真正的爱情不是找一个多有钱、多爱你的男人，而是找一个适合你的男人。"

再见到我的时候，她闭口不谈当初。

显然，阿南并不是阿May口中的"合适"的人。

合适是一个很抽象的形容词。

不合适的两个人有诸多借口分手——性格不合、家境不配、属相相冲……但合适的人却似乎没有什么措辞能形容他们的合适。

我所理解的合适是——物质的匹配，灵魂的共鸣。

灵魂上的共鸣涉及两个人的成长经历和三观个性，抽象而模糊，但物质的“匹配”，却是最容易体现的。

前阵子有一句话在网络上特别火，女孩对男孩说：“你可以没有钱，可以没有房，但是你要有一颗爱我的心。”

这句话红极一时，传遍了年轻男女们的微信朋友圈、微博和抖音。

无数女孩崇尚爱情，渴望爱情，像一朵干枯的玫瑰等待甘露一般虔诚，只为求得一份忠诚与信任。

可是，贫穷的爱情有什么体力走过生活的风风雨雨呢？

我曾经在饭桌上听一个女孩这样介绍她的男朋友。

“他是我的饲养员。”

乍一听觉得好笑，20岁出头的女孩子天真活泼，小鸟依人的模样着实让人喜欢。

熟悉后，我才知道，这个女孩很爱花钱。

爱花钱是很多女孩的通病，但并不是每个女孩都能遇到一个愿意为你买单而且你还很喜欢的“饲养员”。

女孩叫圆圆，两年前从一个专科学校毕业，去到一家旅游公司上班，一个月的月薪是3000元。对于一个刚毕业的女孩来说，这个薪水并不寒酸，但圆圆从小就败家，她活得洒脱、自由，在花钱方面也一直都能狠得下心来。

她这样描述说："你知道吗？我有一段时间都不敢出去逛街，因为一逛街我就要重新开一张信用卡，我对所有的好看的、好用的、好吃的都很喜欢，所以我总是想要花钱去拥有它们……我爱吃、爱玩、爱买，好在我们家饲养员养得起我。"

"饲养员"是名牌大学的高才生，刚毕业就进了一家世界五百强的外资企业，凭借着出色的业绩拿着30多万的年薪。

一次偶然的机会，"饲养员"所在的项目组去旅游，负责本次旅游活动的他和旅游公司的圆圆联络上，一来二去逐渐熟络，半年后，二人确定了关系。

她说："我觉得，他是全世界最适合我的人了。"

说到合适这个词，我又想起了阿May在大学时信誓旦旦说的话，不觉哑然。

我反问她："你怎么就确定他是世界上最适合你的人呢？"

"因为他会为我花钱呀！"圆圆答得很快，几乎没有用多余的时间思考，"我喜欢花钱，用起钱来大手大脚，工资都不够我一个人花的，所以我必须得找一个能养得起我的人啊！"

我愣了愣，言辞有些犀利地反问："所以你的'合适'是因为他的钱？"

"有一部分，确实如此。"圆圆接着说，"姐姐，两个人在一起，首先要生活，如果我找一个同样月薪3000的男人，我们俩的温饱都成了问题，生活都困难，还怎么奔小康啊？我已经不是十六七岁的小姑娘了，我知道自己想要的是一份走向婚姻的、长久的爱情，我不能因为物质和金钱的问题断送了两个人的幸福。爱情嘛，我不求大富大贵，只求安安稳稳，他能带给我的就是安稳呀！”

“饲养员”站在路边朝她挥手，她一路小跑过去，想了想，又转过身来对我说：“姐姐，如果两个人在一起活得还不如一个人，那这份爱情也没什么意义吧？”

回去的路上我仔仔细细把她的话想了一遍又一遍。

我想，如果22岁的阿May遇见22岁的圆圆，她的人生路、爱情路一定会好走一些。

我们寻求一份爱情，或是轰轰烈烈，或是细水长流，最终都逃不过两个字——生活。

生活不是简单的“生下来，活下去”，即便是粗茶淡饭、柴米油盐，最起码，我们也得活得是个人的模样。

至少，不要被厚重的经济包袱压得喘不过气来。

你要明白的是，相爱的人，可以同甘，也可以共苦，但若是没有尽头的“苦”，消磨的只能是两个人的感情，还有彼此的最后一点尊严。

我们穷尽一生寻找一份爱情、一个伴侣，绝不是为了去经历一场劫难。

“你可以没有钱，可以没有房，但是你要有一颗爱我的心。”

像阿May这样的姑娘并不值得抨击或是嘲笑，她勇敢、倔强、善良、不世俗，可她最终还是敌不过无边的苦海和长时间的摧残，她向现实低头了。

在电话里，她用带着浓重鼻音的声音对我说："我后悔了，我真的后悔了。"

我不希望所有说过"你可以没有钱，可以没有房"的姑娘最后都哭着说自己后悔了，这太残忍，但却真实。

所以，我们在寻找那份"适合的"爱情时，请告诉自己，你要找的那个人，至少有信心、有能力让你们过得越来越好。

先有物质的匹配，才有灵魂的共鸣。

这是阿May用一段完整的青春送给所有人的规劝。

言犹在耳，如鲠在喉。

"穷是挫骨钢刀。"

02.

都这么大的人了，为什么还愿意被表象蒙蔽

瑶瑶第29次跟她的未婚夫闹分手。

之前闹分手的理由大大小小，毫无根据，大多都是瑶瑶一时起意。在她和胖子认识的这四年里，鸡飞狗跳已经成了家常便饭，开口认错的总是胖子，无一例外，尽管他根本没错。

我和几个朋友总是好心规劝她，少闹点脾气，这个世界上像胖子一样老实肯干的男人真的不多了，理应好好珍惜才是。

所以这一次她找我们哭诉说出分手理由的时候，我们几个面面相觑，脑海中只有四个字——不可理喻。

她捏着咖啡杯，气得嘴唇都发抖地说："四年了！他的朋友圈几乎都没有我的存在！"

其实瑶瑶说的是事实。

胖子很少发有关瑶瑶的朋友圈动态，他的朋友圈大多都是一些单位公众号的文章分享，很少涉及私人生活，提及瑶瑶这个人的动态一只手都数得过来，最多不超过三条，更别说是什么自拍、合照了。

四年了，一年不到一条的频率，究竟是多还是少呢？

之前在微博上有一个帖子，是说如何鉴别渣男的，其中有一条就是——从来都不在朋友圈里公开你的男人一定是个渣男。

这条微博拆散了不少情侣，理由荒诞，过程滑稽。

大多数男青年一脸茫然地被扣上了不知名的屎盆子，然后再见来不及挥手。

男士们把分手的原因归结为——女人的“作天作地作空气”。

然而，真的完全都是因为女人作吗？

当然不是。

女人生来就是极容易缺乏安全感的动物，在这个时候，她们想要的往往就是一份肯定。肯定自己出现在他的生命里、生活中，肯定自己在他的心里占据着举足轻重的地位。而肯定自己地位的最简单也最直观的方法就是，向他认识的所有人宣布你的存在——朋友圈动态就是最让人放心的形式。

直白点说，女人想要的不过就是男人学会秀恩爱。

逢年过节的时候发一张合照，纪念日的时候分享一下自己收到的来自另一半的礼物，这些简单细微的事情，大部分都能做到。

可惜胖子偏偏就是瑶瑶口中的“油盐不进的钢铁直男”。

瑶瑶哭着说：“他根本一点都不爱我！”

胖子有一份体面的工作，他在保密单位工作，是一个正儿八经、朝九晚五的公务员。

瑶瑶和胖子的故事是从大学开始的，那时候瑶瑶刚大二，经历了一段挫败的感情，胖子在瑶瑶情感处于低谷的空窗中出现。

已经大四就快毕业的胖子住在距离瑶瑶宿舍最远的公寓楼，尽管如此，零下十几摄氏度的早晨，胖子还是准时准点地等在瑶瑶的宿舍楼下，怀里揣着热乎乎的肉包子或是杯装的豆腐脑和八宝粥。

所有人都艳羡胖子对瑶瑶的好，用瑶瑶的话说："我当初就是被旁人东一句胖子好，西一句胖子好冲昏了头脑，这才答应和他在一起了。"

和瑶瑶在一起的四年里，胖子尽到了一个男朋该尽的所有义务，也带瑶瑶融入了他的圈子，唯独让瑶瑶不满意的，就是胖子几乎不发关于她的朋友圈动态，这让瑶瑶被一群常年在朋友圈秀恩爱的男男女女噎得没话说。

那天瑶瑶哭着对我和几个朋友说："胖子如果爱我，他为什么不发？他就是心里有鬼，他一定是不想让他列表里的某个女的或是某一些女的看到我存在的痕迹！他就是不爱我了！"

面对瑶瑶如此笃定的强硬态度，我摇了摇头，反问："除了这一点，胖子还有哪一点让你不满意了？"

她支支吾吾说了好半天，翻出了诸多陈年旧账，最终又把话题引回"不发朋友圈"这件事情上。

我认识一个男性朋友，他是我的同事，也是我的学长。

我是他的学妹，对他在校时的事迹很熟悉，他大概也知道我对他比较了解，所以从没想在我面前装模作样，再加上我嘴巴比较牢靠，很多事情他都愿意跟我说。

男同事有一个读研时就交往的女朋友，至今已经快三年了。

他的朋友圈里隔三岔五就发关于女朋友的动态，微信的签名写着：有女友，勿扰。

在所有人看来，他可真是一个模范好男友。

他在所有人能看到的地方，光明正大地宣布了他和自己女朋友浓情比天长，他阳光帅气、勤奋刻苦，没什么花花肠子，是个用情专一的好男人。

他的手机里没什么秘密，女朋友随时随地都可以联系到他，也可以随意翻看他的微信聊天记录和手机通话记录。

他给了一个女生她想要的所有的安全感，可出乎所有人意料的是，他狡兔三窟。

在处理好和女朋友关系的同时，他每一年都在关注新进单位的女同事，伺机而动。

今年我所在的部门新来了一个女实习生小佳。男同事在短时间内就不动声色地搞到她的联系方式，两个人迅速进入了暧昧阶段。

男同事要我为他保密他有女朋友的事，我想到他朋友圈发的那些，问："你不是公开了你有女朋友的事实吗？我怎么帮你保密？"

他从口袋里拿出了另外一部手机在我面前晃了晃。

男同事和正牌女友以外的所有可发展的暧昧对象都是通过另一个手机号、另一个微信号进行联络。

和女朋友在一起的时间，他自然是乖乖地把另外一部备用手机藏得好好的，而女朋友不在的时间，他的身份在另外一台设备上又进行了如鱼得水的切换。

小佳在单位实习了三个月，这三个月里，男同事和小佳在暗地里眉目传情，还未走进社会的小姑娘情窦初开，哪里招架得住男同事抹了蜜的嘴巴，当然是顺势就直接上钩了。

三个月后的某天，我和男同事以及他的女朋友打了个照面，他们正在商量结婚的事，没想到那天小佳竟会出现在单位门口，大概是男同事断了和她的联系，小佳心里惦念过来看看，没想到撞见了男同事和他女朋友。

我所担心的事情并没有发生，因为女朋友无条件相信男同事，最后小佳只能落得一个"明知道对方有女朋友还要粘上去"的烂名声，灰头土脸地逃了。

那件事对小佳的负面影响很大，很长一段时间小佳都没能从男同事带给她的阴影中走出来。同情小佳之余，最让我感到惊讶和后怕的，是那天男同事的女朋友在小佳面前言之凿凿地指控："我男朋友朋友圈发了这么多关于我的动态，你是眼瞎了还是装看不见？人家都公布了自己不是单身，还要倒贴吗？”

她不明白，这仅仅是一个网络社交软件而已，朋友圈之外的东西还有很多。正如小佳不明白自己为什么莫名其妙就成了感情中的第三者，正如瑶瑶不明白，在朋友圈公开你的人不一定是完全忠诚，同理，朋友圈里没有你的人，也并非对你不在意。

朋友圈和现实生活本来就是两码事。

之前有个朋友想让她的同事发一条推广信息，结果别人发是发了，但这条微信除了她别人都看不到。为什么？可能你还不知道单条朋友圈信息，是可以只对某人可见的。

女朋友、小佳和瑶瑶所存在的共同问题是过分依赖和信任“朋友圈”这种站不住脚的东西，因为上面所呈现的内容，只不过是别人想要让你看到的内容。

女朋友想要的是男同事的忠诚和爱意，于是他用每一个纪念日和节假日的照片来让她看到她想要看到的东西。

可是，她看到的东西和真实存在的情况又不是一回事。

在微信普及的时代，每个人都把微信当作生活的一个主要部分，这种过分相信朋友圈的意识才会越发强烈，但我们需要时刻牢记的是，微信朋友圈它只是一个社交软件，一个男人在朋友圈公开你也好，不公开你也罢，这和他对你的感情深浅并没有直接必然的联系。

就像胖子，他在保密单位工作，对个人隐私很敏感，因此他的朋友圈很少有关于他个人生活的内容，自然瑶瑶的影子也是几不可见的。

但这并不证明他不爱她。

相反，胖子对瑶瑶百依百顺，他可以满足她任何合理区间内的要求，能细化到生活中的每一个细节，他说得很少，做得却很多。

不要过分关注一个男人在朋友圈里发了什么、说了什么，你要关注的，是一个男人在生活中为你想了什么、做了什么，一条秀恩爱发合照、写着“我爱你”的动态远不及你下班后他等在你的公司门口手里捧着的那杯热奶茶。

03.

千万不要隔着手机屏幕喜欢上一个人

我有过一次很失败的恋爱经历。

有一段时间，我很反感父母或是家里的亲戚朋友给我安排的千篇一律的相亲，在好友的推荐下，我通过当地的一个微博大V发布了一条相亲帖。

在这样的机缘巧合下，我认识了阿季。

阿季不符合我的所有择偶标准，他比我小半岁，在上海工作，平均两周才回家一次。他从事的是酒店管理工作，上班时间是每天下午的3点到晚上12点。

我和阿季感情的开始，只是因为一句“没事，我们就做朋友吧，以后有空可以一起玩游戏”。后来过了很久我才想起来，从一开始我们给彼此划定的关系就是“游戏好友”。

阿季是个网瘾少年，恰好那时候的我也沉迷于手机游戏不能自拔。阿季的技术相当不错，也愿意牺牲时间陪我一起玩，从来不会嫌弃我的技术，总是不厌其烦地教我、等我，那时候的阿季让我觉得他是全天下最有耐心、脾气最好的男人。

在我和阿季见面之前，我们一直都持续着网络上的游戏好友关系。

我的父亲率先看出了端倪，是因为有一次，我问我父亲关于本地一个名人的事。

阿季告诉我，他是那个名人的孙子。

我并不知道他口中的那个名人，于是去询问我的父亲，父亲看着我说："丫头，你不要陷进去了。"

我摇摇头，满不在乎地说："放心吧，我们只是游戏好友，他不符合我的择偶标准，我和他不可能在一起的。"

父亲如是说："当你对一个人开始好奇并萌生出深入了解他的想法的时候，距离喜欢他只有一步之遥。"

父亲说对了，后来我渐渐地发现，我喜欢上阿季了，因为阿季告诉我，他也喜欢我。

我们迅速地在游戏里建立了关系，虽然嘴上谁都没有明说，但是彼此都心照不宣。

他的作息时间使我每天都必须熬到凌晨两三点钟来迎合他，可是我第二天6点半就要起来上班，就这样整整一个多月，我每天的睡眠时间都不足四个小时，身体状况每况愈下，每天早晨起床，头发都落满了枕头。

我把对他的思念全部都寄托在薄如蝉翼的网络信号上。

我和阿季认识的这段时间里，亲密无间，无话不谈，由于阿季那段时间的工作原因，他很长一段时间都没有回来，我和阿季的见面只能一拖再拖。

等我和阿季见面了，才发现感情这种事，根本不是隔着手机屏幕就能确认的。

在网上我们无话不说，见面后我们变得局促拘谨，短短一天的相处让彼此都觉得并不舒服，现实生活中的相处和网络上的闲聊感觉有天壤之别。

聊得来和处得来本来就是两码事。

因为人在网络上的表现和在现实生活中的表现本来就大相径庭，人往往在二次元和三次元扮演着不同的角色。

很长一段时间里，我排斥相亲的原因是感觉桌子前的双方把自身的筹码抛出来，像是在菜场一样被人挑肥拣瘦地选择。

我不喜欢这种赤裸直白的方式，所以我想换一种方式寻求一份感情。可是我忘了一件最重要的事情，你未来要一起共度余生的是一个活生生的人，而不是一部冰冷的手机。

网络上的聊天可以再三思索、字字斟酌，可面对面的交流却无法给你充足的考虑时间，所以现实生活中人与人之间的相处更加直观和透明。

我的朋友圈还有一段有趣的爱情故事。

有个女作者，我们都喊她小白，有一次小白在微博上含泪发了一条长微博，说有个年纪轻不懂事的小女生在网络上冒充她，说以小白的笔名发表的文章全部都是那个女孩自己写的。

小白的帖子一发出，圈里的好友纷纷帮她转发，人群中突然有一个名字引起大家注意。

那是个男作者，且他的笔名和小白的笔名一模一样，他也曾经遭遇过类似的事情。

男作者转发了小白的帖子，还给小白发了私信，两个人相见恨晚，互相给了联系方式，就开始热火朝天地聊了起来。

也许是两人笔名相同的缘分，也或者是男作者和小白的遭际类似，两人感同身受，小白和他迅速在网络上擦出火花。

两个月后，小白坐飞机去到了男作者所在的城市。

后来小白每每回忆起那次见面，都觉得妙不可言。

从线上相识到线下频繁见面，小白和男作者的感情迅速升温，很快就确定了男女朋友的关系。

圈里大多数朋友都把这件事当作茶余饭后的笑话看看，因为两个人相距甚远，且网络上认识的方式说来未免也太不靠谱，圈子里没有一个人看好他们。

但是让所有人都大跌眼镜的是，预料之内的笑料没有，倒是小白铁了心一般非要嫁给他。

作者朋友都劝小白："不要被爱情冲昏了头脑，网络上认识的人能有几个靠谱的？你就这么决定非他不嫁，太傻了！"

小白直接怼了回去："我们作者圈的大多朋友不也是在网上认识的吗？难道你也不靠谱吗？"

于是再也没有人去自讨没趣了。

小白和男作者之间的确出现了问题。

后来我们才知道，男作者的家境非常富裕，男方家认为，小白不过是看上了他们儿子的钱。

男方的上司听说男作者要请假和小白去拍婚纱照，拉住他说：“你可不能这么冲动，你和那个女的是在网络上认识的，你知道她到底什么情况？这样吧，我给你放几天假，你想清楚了再做决定。”

男作者态度很坚决地说：“领导，我已经考虑好了，我要和她结婚。”

所有人劝阻两个人结婚的借口只有一个：你们是网上认识的！网上认识的人能靠谱吗？！

小白却说：“现在很多人已经扭曲了交友观和恋爱观。靠谱不靠谱的是人，而不是方式。”

小白固执起来不像话，当她说出这句话的时候，大家都沉默了。

没有人能反驳小白，因为小白说得对，从一开始所有人的结论都是建立在一个伪逻辑上，这样得出的结论根本就站不住脚。

后来，小白和男作者不顾别人反对，毅然决然地选择了结婚。

小白在深圳，男作者在武汉，两个人最后在上海安家落户。

婚礼的场面非常大，由于两个人的坚持，双方父母不得不放下所有的成见，和和气气地坐在一桌。

小白穿着洁白的婚纱，挽住男作者的手臂，拿着酒杯对自己的父母说：“放心吧，爸妈，我一定会幸福的。”

可小白和男作者真的从此过上了幸福的生活吗?

当然没有。

南北地区的生活差异让草草在上海落户的两个人生活得很不和谐，不同的生活习惯和不同的价值观念在婚后暴露无遗。以往坐飞机飞去彼此城市弥足珍贵的几天相处时间，变成现在日日夜夜拖沓糊弄的搭伙过日子。

两个人都是作者，瓶颈期是经常有的事，两个人在家从事着一样的写作事业，所以当家务活这些琐碎的事情朝他们袭来的时候，两个人变得手足无措，到后来慢慢变得排斥与嫌弃对方。

爱情的冲动在生活的不断磨合中渐渐消失殆尽。

小白说："网络和现实真是两回事。"

当然是两回事，只是她一直都不懂而已。

小白忍受不了上海的生活节奏，男作者也受不了生活在一起的两个人天天为了家务活这种事吵得不可开交。于是小白连怀孕的念头都来不及产生就卷铺盖从上海又回到了深圳，两个人决定分居冷静一段时间。

那时距离他们的新婚才不到半年时间。

其实我一直很赞同小白说的一句话：靠谱不靠谱的是人，而不是方式。

在这个全媒体覆盖、信息高速更替的时代，网络本来就已经成为现实生活中不可忽视的重要组成部分，网络的的确确给我们提供了一系列交友软件，但这不能成为我们爱上一个人的直接途径。

就像小白，她和男作者在网络上擦出了爱情的火花，这样的火花在一种捉摸不定的环境中产生，也终究会在不知不觉中熄灭。

当你遇见一个聊得来的人时，不要草率地下定论，觉得这个人一定能跟你过得很开心很幸福。隔着屏幕，就算你觉得一个人再迷人、再优秀，都不过是一种虚幻的泡影，倘若你隔着屏幕就喜欢上一个人，那么你喜欢的人往往只是一个你臆想中的模型，而并非一个真正的个体。

很多人在网络上呈现让人觉得优秀或是独一无二的那一面，很大程度上是因为他们只展示了这一面或是伪装出了这一面。当你通过网络的方式结识了一个让你觉得有趣的人，不妨尝试着去走进他的生活，去感受一个真实的、立体的人，而并非一个片面的、站不住脚的影子。

爱情、婚姻本来就是不断地相处和磨合，而我们要相处和磨合的是一个三次元真实存在的个体，而不是二次元兴许戴着假面的图像。

千万不要隔着屏幕爱上一个人。

敲开这一层屏幕，去走进那个人的生活，或让他走进你的生活，生活会给你爱情的答案。

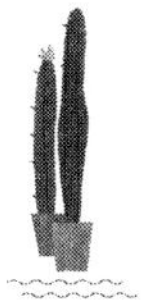

04.

不睡你，不是因为对你负责，而是不想负责

小灰是以潇潇男朋友的身份进入我们的朋友圈的，那时候的小灰31岁，刚从澳大利亚留学回来不到一年，在国内的朋友很少，因此和我们的联系较为密切。

他是所有女人心目中典型的梦中情人：母亲做生意，家里有三个厂子；父亲从政，也是当地有头有脸的人物。小灰从小接受的教育就是西方的绅士教育，不论天冷天热，他的身上总是一件裁剪得体的西装，头发梳得整整齐齐，对人彬彬有礼，面上总是挂着和气的笑容，很少发脾气。

小灰是个暖男，总是义务帮助别人做很多事情，在用钱方面也从不吝啬。像他这样性格很好又条件极好的男人，按理说应该很早就步入了婚姻的殿堂，人们常说，超过三十岁不结婚的人，要么就是自身有问题，要么就是心里还有一个忘不了的人。

没有人知道小灰属于哪一种。

就算小灰和潇潇分手了，从潇潇的嘴巴里，也没有人能打听到他的半句不好。

因为我和小灰都在一个狼人杀群里，所以还会偶尔见面。一次偶然的机会，小灰告诉我，他和潇潇在谈恋爱的时候并没有发生性关系。

我有些讶然。一是，小灰和潇潇的年纪都不小了，况且现在的社会并不像从前那样思想古板；二是，小灰和潇潇经常深更半夜一起在外面，也有过夜不归宿的时候，说两个人没有发生过关系，的确是有一些匪夷所思。

小灰告诉我，潇潇还是个姑娘，他不能碰人家，这是对她负责。

这句话听上去无懈可击。

因此大家都觉得，小灰是个实打实的好男人。

小灰和潇潇分手之后，潇潇经历了大悲大痛的暴瘦环节，可小灰依旧保持着完美的笑容，和我们愉快地玩在一起。

后来，小灰开始了我们所知道的第二段恋情，对象是狼人杀群里的一个女孩大贞。

大贞也刚经历了一段让人身心憔悴的恋情，小灰的出现像是她人生中的一道光，将她从无边的黑暗中拉扯了出来。

大贞曾经这样对我说："如果我和小灰之间也不得善终，那么我想，我再也没有任何勇气走进一段新的恋情当中去了。"

每一个陷入爱情的女人都会发出这样的感慨。

在大贞的爱情观里，任何一段感情的经营都远比它本身带给彼此的感受要重要得多。所以在很多情况下，大贞会退让会妥协，会让这段感情看上去滴水不漏。

但有一件事一直困扰着大贞。

她好几次找我说："怎么办？他一点都不想着要碰我。"

我说："因为他是个好男人，他要对你负责任。"

大贞沉默了很长一段时间，然后她抬起头来望着我的眼睛说："不，你不懂。"

那时候的我觉得大贞的顾虑简直就是杞人忧天。

小灰对大贞真的太好了，无微不至地关怀。他们几乎每天都会见面，两个人住在不同的城区，小灰每天下班都会从公司绕很长一段路去另外一个区接大贞回家，其间又要再跨越两个区。

小灰对大贞很慷慨，外出从来都不要大贞花钱，总是会买好菜去大贞家里做饭，帮忙洗碗、打扫卫生。

他做了一个男朋友能做的所有的事，也尽到了一个男朋友应该尽的所有义务，没有人能质疑小灰对大贞的感情，甚至我们都在计算两个人的婚期。

可是大贞依旧对小灰始终不愿意碰自己这件事而耿耿于怀。

我安慰大贞说："小灰对他的前女友潇潇也是这样的。"

大贞说："你不懂，只有到了那一步，才是感情真正到了一个不可以分割的点。"

我有些气不过大贞的自说自话，便反驳她说："我都告诉过你了，他这样是想对你负责任啊！男人都想对你负责任，你不要自己不对自己负责任。”

“不，他不是对我负责任，他只是不想对我负责任罢了。”

听了大贞的话，一瞬间我就愣住了。

我的确不太明白大贞在那个当口为什么会说出这样的话，直到她又说：“心里想和真正付诸行动是两码事，欢欢，问题的根源在于他不想，而不是不作为。”

我隐约觉得，大贞说的话好像有那么一点道理。

很久之前，有个男性朋友在谈及恋爱的话题时对我说：“喜欢一个女生，你一定会想占有她，不管是从哪一方面。”

所以，如果一个男人从来都不想睡你，不是因为他对你负责，恰恰相反，可能只是因为他不想对你负责。

当两个人发生了更深层次的关系，很多事情就没有办法轻而易举地解决了。换言之，分手变得不那么容易，也没有办法简单地对另一半弃之不理。

正如大贞所说，想做和有所行动根本就是两码事。如果男人连最基本的“想”都没有，更大的概率是因为他想免了后续的麻烦。

一直到大贞和小灰分手，两个人都没有发生过那些所谓的事。

但大贞没有办法恨他。因为小灰做了一个男朋友该做的所有的事。

两人分手的原因也很简单，是小灰说了一句：“我不想结婚。”

大贞已经快30了，来自父母以及亲朋好友的压力已经压得她喘不过气，在这样的境地，她的男朋友竟然告诉她，他不想结婚。

他不想结婚，不想要孩子，他告诉大贞，人不能因为想要完成某种任务而结婚，传宗接代这种事本来就是没有必要的，因为你根本就不知道你爷爷的爷爷是谁，你孙子的孙子也不会知道你是谁。

大贞曾经被他的这套说辞给打动了，她甚至愿意为小灰选择做一个丁克。

她说她不明白，她已经选择为了小灰放弃做一个母亲的资格了，为什么他还要和自己说这样残忍的话。

于是大贞质问小灰：“你不想结婚，不想生孩子，为什么你还要和我在一起？”

小灰把这一切都归结于那一场电影开场后那个错误的吻。

他说：“因为电影院有催情的效果，我们都是被冲昏头脑的人。”

“所以你从来不碰我，是因为你连分手的理由都想好了，不碰我会让我们的分手变得更加简单和彻底。”

小灰说：“我只是对你负责。”

“你只是在逃避责任。因为你碰了我，你就必须对我负责，所以你连想都不想，你拒绝自己萌生这样的念头……不对，你根本就没有萌生过这样的念头，你根本就没有真正地爱过我。那些道貌岸然的借口，只是为了今天的和平分手，你从来都没有想过要跟我步入婚姻的殿堂，你从来都没有想过要对我负责。”

那天小灰和大贞的散场无声无息。

他们之间就像是默默地上演了一场黑白电影，电影落幕的时候，没有观众，无人喝彩，也无人黯然失色。

我们一直都以为小灰只是单纯的不想结婚，两个人是因为三观不合而分手，可是我们谁都没有想到，原来小灰曾经有一个恋爱时间长达八年的未婚妻。

两人相识于澳大利亚，在异国他乡，两人心心相印，同居的时间长达五年之久。他并不是不想结婚、不想生孩子，他的微博里字里行间透露出的信息是他万分想和他的未婚妻成立一个家庭、孕育一双儿女，他之前对我们说的那些话，只不过是借口罢了。

其实大贞很早之前就明白了这些。

不论是对潇潇也好，对大贞也罢，小灰从来都没有想过把她们当成未婚妻一样对待，从根本上来说，未婚妻才是他唯一一个想要去负责任的女人。

他做好了一个男朋友该做的所有事情，却唯独没有捧出一颗想要为人夫的心。

而小灰和大贞分手的真正原因，是他和他曾经的未婚妻复合了。

每个男人都有想要去对她负责任的女人，只可惜小灰想要负责的女人，不是潇潇也不是大贞罢了。

前阵子同学聚会，几个多年未见的老朋友重又聚在了一起。

大家互相说着这些年的情况，当然，女同学聚集在一起，说起最多的还是八卦。有个刚结婚没多久的女同学讲起她和丈夫的感情故事。

女同学大学毕业之后继续读了硕士研究生和博士研究生，直到将近30岁还是个未经人事的小姑娘，她丈夫刚认识她的时候才刚开始创业，两个人是相亲认识的，情投意合，虽然女同学学历和工作都很突出，但由于自己的年龄原因，也没有对当时事业刚起步的丈夫心生嫌弃。

30岁的男人对另一半的身体自然是充满渴求的。

女同学回忆说："我和他在一起两年，我们每一次拥抱、每一次接吻，我都能感受到他对我的渴望，他想，可他没有做。他说，他要对我一个黄花大闺女负责任。"

后来他用两年的时间挣够了婚房、婚车还有彩礼以及结婚的支出，风风光光地把女同学娶进了家门。

所以，想和做是两码事，想但不做和不想也不做简直是天壤之别。

不想，是连负责任的心都没有，想但不做，才是真正的负责。

一个男人对一个女人的渴望决定了他感情的深度以及未来道路的长度。

远离那些想都不想的男人。

大多数情况下，他们只是伪善的演说家。

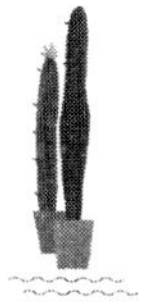

05.
陪伴可不一定是最长情的告白

之前有一句话在年轻男女的爱情观里很流行：

“陪伴是最长情的告白。”

就在几天前，我的朋友安璇和她男朋友许之结束了长达13年的爱情长跑。结束长跑的方式不是一张婚宴请柬，而是KTV的一首《分手快乐》。

这段感情从高中，到大学，到工作，持续了整整13年。分手的原因很简单，三个字——受够了。

因为太熟悉彼此，他们之间就像是一丝不挂地赤裸相对，根本藏不住任何秘密，也没有任何神秘感。

感情这种东西时时刻刻需要掺杂一些新鲜和神秘。

再好看的东西看多了也会腻，再好吃的东西吃多了也会烦，人也亦然。

每个人都追求新鲜的、不同的生活，无可厚非，也没什么好责怪。大家惋惜的不过是这13年的感情，少女变得成熟有风韵，少年变得沉稳干练，时光无形之中将他们打磨得有模有样，唯独把他们之间的感情打磨得变了模样。

我们都以为安璇会和许之走入婚姻的殿堂。

上学时候产生的情愫往往不掺杂任何其他因素，仅仅是因为两个人单纯的互相吸引和喜欢，最纯粹也最动人。

他们之间也有过争吵。

印象中最厉害的一次，安璇大半夜骑着电动车跨越了大半个城市来找我，她被雨水淋得湿漉漉的，等洗完澡换好衣服，她像一只受伤的小猫似的蜷缩在床上，说："我不明白为什么他会狠得下心来跟我吵架，我们都在一起十年了。"

"十年了，为什么不结婚呢？"

"还能因为什么，当然是经济情况。他爸妈那边不肯出买房子的钱，我们俩这才工作了多久啊，哪里有钱去买房子？你也知道现在的房价。"

我点点头，道："非他不嫁吗？"

"当然了，我们都在一起十年了！"

我又问："既然非他不嫁，干吗还要因为吵架怄气跑出来呢？"

她没有回答我的问题，沉默了很久，随后道："说实话，我已经记不得自己喜欢他什么了，太久了，也没什么年轻时候的冲动和热情了。但是许之真的陪在我身边太久了，人家不都说嘛，愿意陪着你的人就是最爱你、最适合你的人，结婚嘛，不就是找个爱我适合我的人嘛，除了许之，我的心里还真的没有别的人选。"

“就因为他陪在你身边十年？”

“什么叫就因为啊？人生还能有几个十年啊！”

“所以以后你和许之结婚了，别人问起来你为什么要嫁给他，你的回答就是他陪了你十多年，除此之外呢？”

除此之外，就没有了。

其实从一开始，安璇和许之的感情就是经不起推敲的。

很多人说，爱情这种事情，本来就是不需要理由的。可是你要明白的一件事是，你选择和一个人在一起，选择和他同床共枕，共度余生，不仅仅是因为他陪伴了你很多年。

那一次安璇和许之的争吵并没有持续多久，因为第二天安璇就被许之接走了。在感情面前，安璇向来都是一个听话的孩子，她太依赖许之了。

她习惯性地顺从，习惯性地接受，习惯性地把这种陪伴当成是他们之间感情最牢靠的城墙。

可是他们最终还是分手了。

和安璇分手的第二个月，许之的请柬就来了。对象是个比安璇年轻六岁的小姑娘，刚大学毕业，家里相亲介绍的，两个人站在一起很般配。

我们都劝安璇不要参加许之的婚礼，她却偏偏执意要去。

在婚礼上，她看着挽手并进的两个人，泣不成声。

“我一直以为陪伴是最长情的告白，原来陪伴是这世界上最恶毒的诅咒。”

我告诉安璇："陪在你身边的人也许同床异梦，不陪在你身边的人也不代表他不爱你。"

华姐和丈夫是异地恋。

她丈夫的公司距离家里有八个多小时的车程，再加上身为公司的高管，他两三个月才能回家一趟，所以孩子的学习、生活都是华姐一手操办。

用华姐的话来说就是，孩子的童年里，的确是缺少一些父亲的关怀。

很多人都不看好异地恋。

两个人不在一个城市，相隔甚远，即便是朝夕相处的人也未必能做到坦诚相待，更何况是分居两地的两个人呢！他在干什么，在想什么，在另外一端的你根本就无从得知。

没有人能想象，这七八年来华姐的婚姻生活是怎么过来的。

华姐和丈夫结婚的时候也是遭到了很多人的反对，异地恋实在是太不靠谱了。即便在这种情况下，华姐还是一意孤行地选择和他结婚，从此开始了长达八年的两地分居。

几个好事的朋友时常会问华姐："你男人常年一个人在外头，你都不担心吗？"

"不担心。"华姐答道，"我们都知道，彼此无可替代。"

这该是一种怎样的信任和笃定啊！

我一直都认为，在一段合适的感情里，你选择和一个男人在一起，除了他爱你，除了他陪你，你们之间一定会有一种心灵的共鸣，只有你们两个人才有灵犀相通的默契。

华姐喜欢读书，之前和华姐聊天的时候，她总会提到自己读了什么书，有什么样的感触。华姐的丈夫是个生意人，没什么时间读书，两个人的共同话题也不是很多，但是他的全部关怀都在华姐的身上。

即便相隔很远，每一个纪念日，每一个节日，华姐都会收到来自异地的他的礼物。

前些年，华姐的公公生病了，丈夫在外地，华姐一个人承担起了照顾整个家庭的职责。公公做了一个很大的手术，术后需要人陪在身边照顾，可是华姐的工作也没有办法长时间请假，种种矛盾让华姐近乎崩溃。

华姐说，那天她在电话里和丈夫发火，质问他为什么不在她的身边，为什么要让她一个人独自承受这样的压力，为什么就连最简单的陪伴他都做不到。

在电话里，华姐的丈夫一句话都没有说，他越是沉默，华姐就越是难受。

后来，在那天深夜，华姐的丈夫回来了。

华姐回忆起来，说："那天他连公司的衣服都没来得及换就直接回来了，那时候已经是凌晨3点钟了，他说他这辈子都没开车开这么快过，硬是把八个多小时的车程压缩到了七个小时。他回到家就抱住了我，向我道歉，说对不起，没有办法像别的丈夫一样陪在我的身边。”

华姐又说：“那一瞬间我所有的委屈、痛苦、崩溃就都没有了，我知道他对于那个公司来说意味着什么，也明白他这样赶回来需要多大的勇气，需要费多大的力气，这一切的一切我都知道。所以我根本就没有办法再去生气，我不能对一个爱我的人发火。人人都说，男女之间需要陪伴，这我也知道，可是他没有办法陪在我身边，不代表他不愿意陪在我身边，也并不代表他不爱我。”

华姐和她的丈夫都是长情的人。

最长情的告白是彼此的心意，并非两个人相处的模式。

很多时候，我们并不是每时每刻都能常伴在另一半的左右。我们都会被生活中的一些琐事缠身，又或者会遇到一些事，让我们忍受一种远离人群、远离灯火的孤独。

很多女孩儿因为男朋友不陪自己闹得满城风雨，恨不得两个人要时时刻刻粘在一起，一分钟都不能分开才好。

可人这一生啊，终究还是聚少离多。

我们没有办法要求自己的爱人每时每刻都在自己的身边，更没有理由因为无可奈何的分离而无理取闹。

有的人异地恋、异国恋能熬过无数个春秋，也有的人即便天天都腻在一起，也依旧会心生嫌隙，更何况，人和人之间本来就需要一些距离感。

这样的距离会保持爱情最原始的神秘感，而这种神秘感才是爱情得以长久的保鲜剂。

你需要确定的不是他这个人时刻陪伴在你左右，而是他的心始终都在你身上。

前阵子我最好的闺密和陪伴她八年的男朋友分手了。

两个人在大学里恋爱，互相陪伴、扶持走过了很长的路，最终却没能善终。闺密没有哭，只是说，这对于他们两个来说，都是最好的结果。

再继续下去，是互相陪伴的两个躯壳，慢慢疏远的两颗心。

闺密的男朋友换了一份更好的工作，之后接触了更高端层面的女生，同时又和好几个女生保持着不清不楚的关系。

他和我闺密同居了很多年，从以前的每天一起上下课，到之后的每天一起上下班，朝夕相处，同床共枕，最后还是应了“人心隔肚皮”的老话。

一个男人，他若能每天都陪在你身边，为你遮风挡雨，为你披荆斩棘，这固然好。可年轻的男人们心中还有家国梦想，在他抽不开身的时候，别总把“陪我”这种无理要求挂在嘴边，要记得，你需要的，永远是一颗分秒都与你分割不开的心，而不是陪你走过很多年却始终都温热不了的身体。

第二章

什么才是对的，什么才是好的

01.
别总把“颜值”挂在嘴边

28岁的阿敏有一份非常体面的工作。

作为男人最喜欢的异性的三大职业之首的教师行业中的一员，阿敏身高一米六九，五官端正，属于耐看的类型，除了皮肤有点黑之外，各方面都找不出缺点。

阿敏在成为教师之前有过几个男朋友。

第一个是做运动器材的，身材贼棒，关于阿敏的运动前男友，我唯一的印象就是二人去海边玩，运动前男友穿着短裤站在沙滩上，俨然就是一道亮丽的风景线。

第二个是开面馆的，面馆投入了不少钱，但是由于各方面的原因，入不敷出。我有幸去那家面馆吃过一顿饭，面馆前男友长得很有古天乐的味道。

第三个是做淘宝的，收入不错，就是没什么上进心，淘宝前男友的颜值是三个中最出众的，用阿敏同事的话说：“一看就是个吃软饭的主儿。”

淘宝前男友吃不吃软饭我不知道，但是因为阿敏的家里实在接受不了这样的工作，两个人只能say goodbye。

阿敏这个人对各方面因素的容忍度都很高，唯独对脸，实在无法降低标准。

所有人都劝她："你老大不小了，马上也30岁了，还这么看脸，你就不能成熟一点吗？结婚就是找人过日子的，帅不帅有什么用啊？"

阿敏说："你找个丑的也是过一辈子，找个好看的也是过一辈子，你为什么不让自己的眼睛舒服一点？"

听上去根本无法反驳。

阿敏一意孤行地把颜值放在择偶标准的第一条，介绍对象先看照片，看照片不满意就不要再见面了，久而久之，给阿敏介绍对象的都知难而退。

阿敏觉得奇怪，说："找一个长得好看的男人就这么奇怪吗？"

"不奇怪。"我说，"谁不喜欢好看的人好看的事物？可你把它看得太重了，颜值不是择偶的唯一标准啊！"

阿敏否定了我的观点，道："你不知道吗？丑男比帅哥的出轨率高多了。"

没人劝得了阿敏，只有现实能让她转弯。

后来阿敏好不容易相亲看上了一个男人。

那个男人各方面条件都很好，是个非常适合结婚的对象，而且也并不介意阿敏的年纪。

28岁的阿敏似乎开始对自己当初的执迷不悟有些动摇了，所以即便知道对方的长相肯定不能符合她的要求，她还是赴约了。

相亲男是个国企的高管，身高一米八，唯独五官长得有点不协调，看上去有一些不太舒服。

这成了阿敏择偶的硬伤。

当然她不会直接说出来，还是要给介绍的朋友留面子。

第一次见面，介绍的朋友一起去，两人看似尴尬实则也真的很尴尬地聊了半个小时，互相留了联系方式。

高管男很喜欢阿敏，每天都找她聊天，即便阿敏表现出的态度比较冷淡，高管男都一副热脸贴冷屁股的架势，而且用的也都是能讨现代小女生欢心的方式方法，可是阿敏就是不为所动。

有一次高管男请阿敏去吃饭，阿敏实在推不了，她又不想和高管男单独吃饭，于是把我们几个喊上了，陪她一起去。

饭桌上我们见到了高管男本人。

一米八的个子，气质上乘，为人和气，说话做事都很会拿捏分寸，而且从高管男的眼睛里，我们都能看出来，他是真心喜欢阿敏的。

然而见到高管男的第一眼我就知道了，阿敏是不可能接受他的，因为高管男的五官排列组合一点都不讨喜，而且嘴唇边还有一个大大的痦子。

这是阿敏看都不想看到的面相。

一顿饭吃下来，阿敏始终都低着头，不论高管男多么热情多么殷勤，阿敏都只顾埋着头吃饭，看都不看他一眼。

饭后，高管男要送阿敏和我们回家，阿敏拉住我的手就说："我和欢欢等会儿还有点急事要处理，就不麻烦你送了，谢谢你的款待。"说完，她拖着我，头也不回地往前走。

走在路上，阿敏的嘴巴里一直在嘀咕。

我叹了口气说："我们都觉得那个高管男蛮好的。"

阿敏头摇得像个拨浪鼓似的，答："不行不行，我跟他坐在一起吃饭简直想吐。"

"……"于是我只能缄默。

所有人都知道阿敏对颜值的要求简直高于其他一切，偏偏阿敏死不承认，"我只是想找一个稍微好看一点的，你看那个男的长得根本就不堪入目好嘛！"

不堪入目四个字是不至于的，高管男的长相虽然一般，但也没到影响市容的级别。可长相是阿敏最在意的一点，所以这方面的不足在她那里自然被放大了无数倍。

高管男的条件出类拔萃，对他感兴趣的女人自然也不少。

久而久之，高管男对阿敏失去了耐心和热情。

换成是谁不这样呢？热脸贴冷屁股总归也是要有个限度的。

没有了高管男追求的阿敏又开始了新一轮的相亲，之后遇到的那些男人形形色色，大部分长相要比高管男好一些，但是不论是条件还是对阿敏的喜欢程度，都远远被高管男甩了好几条马路。

阿敏又陷入了新一轮的不快乐。

她希望那个长得好看的男人也能像高管男一样对她那么好。

可惜哪里还有第二个高管男？

那些长得好看的相亲男手上的备胎无数，阿敏只是其中之一。

骄傲的阿敏不稀罕成为别人的备胎，所以即便是再好看的皮囊，也无法让她彻底丢弃那颗自尊心。

高管男结婚了。

阿敏30岁生日的前一天，高管男发了一条微博，晒出了他和妻子的结婚照。

大半夜，阿敏把结婚照上传到我们几个人的讨论组里，说："这女的长得还没我好看。"

高管男的妻子长得确实不如阿敏好看。

可那又如何呢？

又不是所有人都像阿敏一样，把颜值放在至高无上的位置。

阿敏和我们聊着语音，声音里突然带了一点哭腔："早知道当初就和他在一起了。"

30岁的阿敏彻底放弃了对颜值的执念，可是30岁的年龄就像横亘在她生命中的一座大山，无法跨越。

她从以前的"挑剔"到后来的"被别人挑"，前后不过用了两年的时间。

阿敏再也没有找到一个比高管男对她更好的男人，甚至后来的后来，她选择结婚的那个男人，条件一般，颜值和高管男不相上下，但最不同的是，阿敏的未婚夫根本就不那么爱她。

一个30岁工作还不错的男人，凭什么对一个30岁的女人死心塌地？

他是喜欢阿敏，但又不是非她不可。

阿敏在31岁的时候，经历了人生中第一次被退婚。

两个人订婚半年，婚纱照都拍好了，酒店也订好了，结果未婚夫一跃成为公司的领导，秘书年轻又漂亮，最重要的是花样还多，阿敏的未婚夫被秘书迷得不行，婚就不想结了。

阿敏第一次感受到人生的崩塌。

被男方退婚，简直是作为女人的奇耻大辱。

31岁的未婚夫是事业巅峰也是颜值巅峰，31岁的阿敏除了有一份还算体面的工作之外，其他的只能任人挑剔。

阿敏突然很怀念高管男。

那天阿敏在我家吃饭，突然像是失心疯了一样给高管男打电话。

那时候高管男已经有了孩子，电话那头还有小孩子咿呀学语的声音，阿敏死死地捏着手机，问："我们之间是不是已经彻底不可能了？"

我听见高管男找了一个安静的地方，避开了孩子和其他人，用很平静却有些遗憾的声音说："其实你是我这辈子遇到的最喜欢的女孩。”

阿敏毫无预兆地抽泣了起来。

她把头埋进臂弯里，哭得像是个三岁的孩子。

“可是……”过了很久，高管男又说，“我现在只爱我的妻子。”

我仿佛能听见阿敏心碎的声音，这恐怕比当初阿敏被退婚的时候更让人心痛。

“对不起。”阿敏说。

“不用。”高管男道，“被爱的人不需要道歉。”

阿敏还想说什么，可她沉默了很久，却没有说出一个字来。

末了，高管男说：“我唯一的遗憾和抱歉，就是我没能长成我喜欢的女孩最喜欢的模样。可对此，我又无能为力。”

阿敏捂住口鼻，不敢让自己哭出声来。

挂断电话之后，她一个人在我家的阳台上坐了很久。

她上一次来我家的时候是生理期，她的未婚夫就坐在我家的沙发上打游戏，她说了好几遍想喝热水，最后只有我去帮她倒水。

而那一次高管男请她吃饭的时候，阿敏也是生理期，她没说话，只是捂着肚子，热水就已经递了过来。

你不得不承认，人和人之间的确是存在着难以逾越的差距的。

不爱你的人，说再多都没用。

爱你的人，根本不需要你开口。

所以爱情中最残忍的就是，在你拥有一腔执念的时候遇到了最适合你的人，而你的执念却成了你最伤人的利器，伤敌一千，自损八百。

阿敏最愚蠢也最可笑的，就是对一定会消逝的颜值有着病态的坚持。

任何人都经不起苍老的考验，任何人都没办法永葆青春。

所以在婚姻、爱情里，颜值是最经不起推敲也最不值得看重的条件。

别总把“颜值”挂在嘴边。

有趣的灵魂和爱你的心远比颜值重要得多。

02.

共同语言是后天培养的

“妈，你别让我跟他聊了，我真的聊不下去……”

从苏苏给她妈妈打电话的内容我们得知，她这一次的相亲对象是个话题终结者。

她很疑惑地问我们：“完全聊不到一块去的人还有必要继续聊下去吗？每天都尬聊，问问他吃了什么喝了什么睡了多久干了什么，再这样下去，我会疯掉的！”

苏苏是个平面模特，接触的人和事都比较新奇有趣，耳边充斥着的爱情故事也让人觉得浪漫刺激。

她是一个很跳脱的女孩子。

她有颜值、有思想，喜欢听各种各样的故事，更希望自己的人生能成为别人口中的故事。

然而当她把自己的这些思想和对方说的时候，得到的大部分回应都让苏苏很失望。

尤其是这个法式餐厅的主厨。

“他每天都给我发那些他做的好吃的，可是我是靠身材吃饭的人啊！我天天要挨饿，他还发这些东西给我看，我还能跟他聊得下去吗？”

苏苏义愤填膺，气得直鼓腮帮子。

我有些好奇地问：“要想抓住一个人的心，先得抓住她的胃，难道这个道理你不懂吗？”

苏苏嗤之以鼻：“什么鬼道理，我只知道没有共同语言的人一定做不成男女朋友。”

因为没有共同语言，往往容易把天聊死，倒是不假。

可是共同语言这种东西，本来就不是把人一棍子打死的致命条件。

苏苏带我们去主厨所在的法式餐厅吃饭。

主厨特意给我们准备了精致的法式料理，每一道菜看上去都美味无比。

苏苏咬了一口鹅肝，觉得实在难以下咽，她放下刀叉，叹了口气，说：“其实我一点都不喜欢吃法国菜。”

我反问她：“如果主厨不做法国菜，做你喜欢吃的日本料理，那你会不会喜欢上主厨？”

“可能吧。”苏苏想了想说，“至少我和日料主厨有共同话题，而跟法式料理的主厨无话可说。”

倘若法式餐厅的主厨得知苏苏拒绝他的根本理由，大概会吐血身亡。

苏苏当然不会告诉主厨她不喜欢吃法式餐，所以她“厌”屋及乌地不喜欢他。

主厨追求苏苏也很讲究方式方法，搞美食这一类的男人多少都有点浪漫情怀，烛光晚餐、环岛骑行……应有尽有。

苏苏忙着在时尚界打拼，主厨就买她拍了封面的时尚杂志，一买就是几百本给她冲销量。

结果苏苏生气了，生气的理由是，买杂志这么几千块钱，还不如给她买个GUCCI。

我瞥了她一眼，说："到时候他要买的不是你喜欢的款式，你就要说你们两个人没有共同语言了。"

"本来就没有。"苏苏理直气壮地答，"共同语言这种东西，可不是后天养成的。"

苏苏又一次说到了共同语言，这是她和主厨之间最大的问题。

于是我问她："什么才叫共同语言？"

"喜欢一样的东西，能说到一块去啊！"

她想都没想，回答得理所当然。

我想起我的一对小情侣朋友。

两个人是在交友网站上认识的，一拍即合的唯一原因就是苏苏口中的"共同语言"。那时候刚兴起一款很火爆的手机游戏，两个人都非常喜欢那款游戏，在聊天的过程中，这款游戏就成了他们所谓的共同语言。

女生毕业之后在一家婚庆公司做策划，男生则自己开了一家广告公司，两个人的情侣关系也带动了两家公司的商业合作。

女生是个很有思想很有主见的人，男生也是，恰好两个人的思想和主见都集中在一件事情上，所以两个人都觉得很合对方的胃口。

下班之后，两个人的日常就是窝在沙发上打游戏。

游戏成了两个人最大的共同点。

他们每天讨论的话题是，今天游戏里出了什么新的英雄，应该买什么装备，应该怎么出连招……诸如此类的话题，构建起了他们作为情侣的日常。

苏苏听我说起这个故事，眼睛一亮，拍手道："多好啊！你看嘛，小情侣之间就是应该这样啊，两个人喜欢同样的东西，有共同语言，这才能长久下去啊！"

长久？那两个人当然是不可能长久的。

游戏，作为他们之间所谓的共同语言，根本就是站不住脚的。

两个人因为游戏还曾经多次起了争执，每一次都是破口大骂，游戏里的不愉快渗透到日常生活中，他们甚至一度感到厌恶——为什么彼此都喜欢玩同一款游戏！

这不是共同语言。

共同语言是建立在相似兴趣爱好的基础上，可以后天培养的技能。

为什么说是技能？生活本来就是一种技能。

那对小情侣因为游戏结缘，也因为游戏分道扬镳，即便是举办了订婚宴，两个人最终还是不欢而散。

苏苏觉得很奇怪，说："我能理解两个人因为打游戏这种事情搞得不愉快就吵架啊分手啊什么的，本来打游戏也不是多么高雅的兴趣爱好，那你说我跟主厨，我们俩又不打游戏，按照你的说法，那对小情侣至少还有个虽然说不是很好但至少能让他们交流的共同语言，我和主厨可是什么都没有啊！"

于是我又给她举了另外一个例子。

办公室有个很瘦又很高的同事叫大秦，他的女朋友是个矮矮胖胖的护士。

大秦是搞IT的，整个人闷闷的特别无趣，平常我们都没法和大秦正常交流，因为他往往是话题终结者。

换句话说，大秦是那种跟谁都不会有共同语言的男人，因为他根本就不会说话。他也知道自己不会说话的毛病，大部分情况下，他都安安静静地闭上嘴巴。

大秦满脑子都是毫无浪漫主义色彩的代码，而护士则是一个极具文艺细胞的女青年。

这两个人八竿子打不着，刚认识那会儿，护士简直要郁闷死了，就这样一个满脑子都是代码都是电脑的男人，她要怎么跟他在一起啊！

就像苏苏说的，毫无共同语言，聊都聊不到一块去。

然而大秦虽然闷虽然嘴巴不会说话，但是他喜欢一个人的方法很单纯，也很直接，他知道护士喜欢那些风花雪月的故事，喜欢读一些古代的诗文，周末的时候就带护士一起去逛书店，每次都会从书店买回来两本书。

以往大秦的下班时间都在看电视，后来看书占据了大秦的业余时间。

他是一根筋的直男，从前也不会想到要去接触这些中国的古诗词，对小护士的爱屋及乌，让大秦开始踏入这个他未曾接触过的领域，从此一发不可收。

没有人想到，一本正经、只知道敲代码的大秦会在短短的半年时间内对文学产生了浓厚的兴趣。

“我很怕和她没有共同语言，所以刚开始的时候，我尝试让自己去接触她喜欢的东西。”大秦这样对我们说，“但是这不是一个强迫自己的过程，因为我喜欢她，所以我很好奇很想了解她所喜欢的世界，我想知道是什么样的世界能造就一个让我这么喜欢的女孩子，我想要和她有话可聊，所以我去看她喜欢看的那些书。慢慢地，我发现她喜欢的东西很新奇很有趣，我也喜欢上了她喜欢的世界。”

所以你看，共同语言是可以后天培养的。

这个世界上没有完全相同的两个人，每个人的兴趣、爱好以及他们所处的世界和内心的境界都是不一样的，然而，同样生活在一个地球上，我们每个人身上或多或少又都会有一些共同点。

找对象、谈恋爱本来就是求同存异的事情。

所谓的共同语言，是即便存在很大差异的情况下也能后天培养的一项技能。

就像大秦，二十多年来对文学毫无兴趣也毫无研究的男人，不会为人处世之道也不知道风花雪月的理工男，在对爱情的追求中，愿意为了一个值得的人去学习新鲜的事物，进入一个未知的领域，去寻求他们之间的共同语言。

而仅仅因为主厨做的是法式餐，完全不符合自己胃口就把人拒之门外的苏苏，不得不说，有一些小小的任性。

我告诉苏苏："主厨以前在米兰留学，对时尚也略懂一些的。他的主业虽然是做法国菜，但是他也会做中餐，也可以去尝试一些其他的菜品。况且，你经常去国内外各种地方拍片子，主厨也经常去国内外很多城市学习新的知识，至少在旅行这件事上，你们也是有共同语言的，是你一开始就拒绝让他走进你的世界，才会发现不了你们之间的共同语言。"

苏苏沉默了很久。

她拿起叉子，把盘子里的鹅肝吃完了。

虽然她似乎有些不想承认，但是从苏苏的表情里，我还是看到了她对这道菜的认可。

菜都上全了，主厨从里面走了出来，笑得有些腼腆，他轻声说："第一次让你吃我做的法国菜，不知道合不合你的胃口……听你妈妈说你好像是不太喜欢吃法国餐的，所以我最近在练习日料……”

苏苏低声说了一句“蠢蛋”，然后抬起头来，有些不好意思地说：“对了，我这周末有空。”

“啊？”主厨愣了愣。

我在旁边笑开了花。

“我说，我这周末有空！”苏苏提高了声音，有些气，接着她像是想到什么似的，又说，“鹅肝还挺好吃的。”

说罢，她拉着我们几个，头也不回地离开了餐厅。

我想，主厨和苏苏之间，将来一定会有很多新奇有趣的共同语言。

03.

要善于从细节处把握一个男人的本性

妈妈们总是这样教导我们：“结婚前找男人的时候眼睛要睁大，结了婚就要学会睁一只眼闭一只眼。”

婚姻是对前面二三十年青春岁月的终结，也是以后几十年光阴的开始。

时常有女生对婚姻这件事有着复杂的情绪。

我要找一个什么样的男人？我该怎么样去发现这个男人的好与坏？他到底值不值得我托付一生？这些问题，往往让大批未婚女性焦虑不已。

我有个朋友，是心理学女博士，她在美国读大学的时候曾经做过一个调查研究，研究方向是关于人们在日常生活中的细节表现。

后来，这项研究结果被她用在了找男朋友这件事上，于是就得出了一个结论。

这世界上的女人有一类往往是嫁不出去的——没错，女博士。

女博士有着非常高的专业素养，因为专业是心理学的缘故，女博士总是喜欢拿一些心理学知识看待身边的人。

她很善于捕捉一个人的各种表现。

比如说，女博士和我一起去吃饭，隔壁桌的小情侣在点菜的时候，女生似乎脸色不太好看，男生嘘寒问暖了两句，女生摆摆手说自己没有关系，然后男生就像是什么都没有发生过一样继续点菜。

女博士小声地对我说："从那个男人刚才的表现上来说，他根本就不关心自己的女朋友。不过就是惺惺作态，效果就类似于'多喝热水'。"

我扑哧笑了一声，道："你这样说未免也太草率了吧，再说了，在这种情况下，难不成男生还要送女生去医院吗？"

女博士抿抿嘴，不吭声。

结果还没几分钟，只见女生霍地从座位上站起来，面色铁青，男生还来不及搀扶她，女生就跌跌撞撞地冲了出去。

女博士目睹了方才发生的一切，说："你看吧。所以啊，女人在找男人的时候，一定要善于从细节着手。"

那天我被女博士说教了一通，女博士给我科普了几个关注男人行为细节的地方，然后她接到一通工作上的电话，就火急火燎地回去了。

后来我知道了女博士的感情经历。

忙于学业忙于工作是不假，毕竟读到了女博士的高度，在国外镀金这么多年，回国后又在一线城市打拼数年，自身条件摆在那里，要求自然也不会低，但是女博士已经30岁了。

女博士在业界也是响当当的，不少男人因为学历和工作的门槛就已经自我放弃了，唯独剩下来一个叫小欧的男人。

小欧比女博士小一岁，自己经营一家律师事务所，从工作和学历上看，两个人是不分伯仲的。在我看来，小欧一定能过得了女博士外在要求的那一关，但是在内在方面，女博士有着异于常人的挑剔。

就比如说，她接受不了小欧的不拘小节。

用女博士的话来说，那就是，这样的男人注定是走不长远的。

女博士是一个很喜欢抠细节的人，她看一个人的时候喜欢盯着对方的眼睛，想要通过对方的眼睛、面部神态还有举止来判断出对方的内心活动，很多男士在和女博士相处的时候会变得格外谨慎，唯独小欧，就像是少年时代坦腹东床的王羲之，潇洒得不行。

很多细节的地方他注意不到。

比如说，女博士下午刚结束了长达两个小时的健身，小欧从律师事务所赶过来，两手空空，一杯水都没有。

“多喝热水”这种话，在小欧的嘴巴里时常出现，且出现频率极高。

我这样劝慰女博士：“他是个直男，对于直男，你要宽容一点。”

“细节处理得太差的男人，我实在喜欢不起来。”

所以女博士就和小欧没什么下文了。

我实在想不明白女博士口中的细节到底是什么。

我问她："你到底在关注什么呢？你要从细节里深挖出的是什么？"

"很多啊，衣品啊、兴趣爱好啊、博学程度啊，诸如此类的，很多很多。你也知道我是学心理学的，男人的一些行为可以直接表露出他的内心活动，我之前就跟你说过啦，要善于从细节处捕捉一个男人。"

我想了想，说："但是我觉得你捕捉的地方是不对的。"

"什么意思？"

"要善于从细节的地方去看一个男人，没错，的确是这样，但是你抓的东西不对，你要抓的不是男人的衣品啊博学程度啊，你要捕捉的，是他的本性。"

每个人在行为举止方面所透露出来的信息多种多样，我们需要去挖掘的，是男人最重要的本性。

与女博士相反，张小米就是对细节所暴露出来的问题太不上心了。

张小米是个杂志编辑，平时的工作就是在鸡蛋里挑骨头，每天焦虑的问题就是排版、出片、印刷、发行，她时常加班，截稿期一过，张小米能活脱脱掉一层皮。

大概是由于工作太细致的缘故，张小米在平时的生活当中大大咧咧得就像少根筋。在对待男朋友这件事上，张小米一向是随缘。

后来，27岁的张小米遇到了一个海归硕士男，并和硕士男迅速坠入爱河。

张小米这种做文字工作的人，骨子里还是有一大堆浪漫主义情怀的，喜欢一个人也全凭感觉，硕士男的各方面条件都很符合她的要求，再加上张小米这个人内心相信一见钟情，就决定和硕士男谈一场轰轰烈烈的恋爱。

但是，硕士男并不适合张小米。

准确来说，硕士男不适合任何好女孩。

过年的时候，张小米请我们几个姐妹一起吃饭。

是在一家火锅店里，室内的空调温度开得很高，再加上大家都在吃火锅，气氛比较火热。

张小米最喜欢吃火锅，硕士男却不喜欢。因此吃饭的整个过程中，硕士男都没有表现出特别的热情，只是偶尔微微一笑，表示礼貌。

我们都看得出来硕士男不是很欢迎我们，也就都保持着不温不火的态度。

一顿饭吃下来，硕士男都没怎么说话，张小米一直在忙着活跃气氛，累个半死。硕士男从来不给张小米夹菜，甚至硕士男碗碟里的东西都是张小米夹给他的。

我看着硕士男一副居高临下的面孔，顿时心里有些不快。但碍于张小米的面子，我们都没有作声。

事情在我们几个人吃完了火锅，准备去张小米家玩会儿牌时发生转折。

在牌桌上，张小米和硕士男一组，我和另外一个朋友一组。

张小米没什么时间去接触牌类，因此技术实在一般，而且她对牌类游戏似乎也提不起什么兴趣，全程基本上只有硕士男一个人在动脑子。

张小米连续输了好几把，玩得没什么兴致了，她便提议要不要玩别的游戏。

硕士男蹙着眉头，看上去心情很不好，随便撂了一句："今天我就想玩这个。"

于是张小米只能妥协。

但是无奈她的技术实在有限，连续输了七八把之后，张小米的情绪已经跌入了谷底。情绪低并不是因为输赢，而是因为硕士男一直喋喋不休的责备。

老一辈的人常说："牌品见人品。"

张小米的心胸宽广、神经大条，我和朋友并不傻。

输输赢赢本来就是娱乐为主，这么较真，且话语里带着粗口，不说他是不是个有涵养的人，单就如此较真、如此喜欢责备别人来看，硕士男不见得是个有抱负、有担当的男人。

近30年的娇生惯养让硕士男变得格外自我和刚愎自用。

那天张小米非常不开心，聚会提前散了，硕士男自然也是不开心地回去了。我们都劝张小米要睁大眼睛，张小米叹了口气，说："其实早在之前我就感觉到了，只是我这个人不怎么喜欢去计较这些细节。"

"有些细节较真是没有必要的，但是还有一些关于本性的细节，是万万不可以忽视的。"朋友这样说。

张小米说，硕士男经常会撒谎，一开始张小米还没有发觉，后来次数多了才注意到，比如她顺口问一句他今天去哪里，他也顺口回一句自己并没有去的地方；比如说张小米问他买的礼物多少钱，他会报一个和实价相差很多的数字……

不论撒的谎有多么小，从这些细小入微处，就足以看准一个男人了。

张小米想了很久，最终还是决定和硕士男分了手。

分手之后，偶然一次我们得知了硕士男其实屁股后面有一大笔债，仔细想来，那天在牌桌上硕士男的表现也就不奇怪了。

大部分情况下，一个人为人处世的细节都能反映出一个人内在的本性。

在睁大眼睛追寻自己的爱情时，的确应该拿一个放大镜，去看他说话做事的细节。

要善于从细节处去剖析一个男人。

需要剖析、需要去捕捉的往往不是可以更改的衣品、爱好、博学程度，而是直达他内心深处的最透明、最原始的本性。

04.
你一定需要一个对你好的男人

“你是选你爱的人，还是爱你的人？”

这个问题问了不知道多少年，直到今天，依旧是男男女女的热门话题。

在回答这个问题的时候，唐唐坚持要找一个自己喜欢的男人。

唐唐从小学六年级开始接受言情小说的洗礼，到现在已经十几个年头，而且，她有一份很自由的工作——摄影师。

干摄影的女人，大多骨子里生性不羁爱自由，唐唐也不例外。否则按照她的条件和颜值，找一个爱她的男人享受人生并不是一件困难的事情。

难就难在，她偏偏不喜欢那些喜欢她的。

唐唐没有什么择偶标准，这种东西对于她来说累赘烦琐、毫无意义，她就希望能找着一个和自己有灵魂上共鸣的男人。

谁都想找一个灵魂伴侣。

正如廖一梅在《柔软》中写道：“在我们的一生中，遇到爱，遇到性，都不稀罕，稀罕的是遇到了解。”

唐唐就想找一个了解自己的人。

在这样的契机下，唐唐遇见了许风。

许风是个摇滚歌手，在当地小有名气，搞音乐这种事情需要不计成本地投入，尤其是许风这种搞乐队的，最需要的就是一个长久的资金团体来供应他的各项支出。

唐唐认识许风是一次偶然的机会，她接到了当地一个报社记者的邀请，希望她能帮忙采访一个当地小有名气的摇滚乐队，于是唐唐就见到了许风。

二十五六岁的许风，神采奕奕，意气风发，头发染成了很火的“奶奶灰”，全身朋克装，高筒皮靴踩在地上发出笃笃的声音。

征服一个人只需要一秒，因此唐唐在一秒钟的时间里就被许风征服了。

唐唐说，她完全记不清自己那天是怎么回去的，双脚在发软，眼睛都被一个巨大的发光体占据了，她说，人生中第一次有这样的体验，能感受到一颗心脏因为一个人而扑通扑通狂跳，如果说这不是爱情，她根本解释不通。

就权当作唐唐对许风是爱情吧。

但这样的爱情，充其量称得上是单相思，其他的，说出来未免觉得多余。

唐唐和许风都是搞艺术的人。

唐唐执着于色彩和构图，许风执着于音调和乐器。从本质上来说，唐唐和许风是一类人，所以按道理讲，他们成为彼此的灵魂伴侣的概率很大，大到唐唐觉得，在许风的身上她能看到另外一个自己。

这就是唐唐坚持的理由。

她喜欢许风，她抛下在一段感情里女生应该保留的高傲和自尊。她和许风一起住地下室，一起全国各地跑演出，她拿出自己的积蓄为许风买电吉他，她什么都做了，甚至为了许风她不惜和家里人翻脸。

唐唐家人的思想还是比较保守的，当初唐唐放弃了一份比较稳定体面的工作出来做摄影师，就足够让家人捶胸顿足了，结果她在爱情上，又像脱了缰的野马，谁说都不听。

多年后，等唐唐能平静地讲出这段故事的时候，她坐在我面前，说："那时候我妈找遍了所有的关系，也没能找到我，我让他们放心，可他们怎么都放不了心。在那段感情面前，我甚至觉得自己的生命都无足轻重，更何况是我父母对我的规劝。"

唐唐为许风放弃了很多，亲情、友情、事业等，可她却忽略了一个大前提，那就是她的放弃是不是得到了同等的收获。

如果许风爱她，那么这轰轰烈烈的一切，不失为人生中极其珍贵的追逐。

但是，对于唐唐来说，许风就是一阵风。

一阵捉摸不定，却能卷起她心头千层波浪的风。

许风从来都没有说过爱她，也从来都没有说过不爱，仿佛这一切的一切都是唐唐自愿的，是她自己不计后果选择了一条绝路，然后把自己逼到一个根本就无法从头再来的死角。

唐唐怀孕了。

如果说前面的故事她还能勉强讲得顺畅的话，从这一巨变开始，她近乎崩溃。

“我告诉许风我怀孕了，他想都没想，让我打掉。”

那时候唐唐已经和许风在一起一年多了，这段时间是唐唐人生中最幸福也是最不幸的时光，许风只是一直在跑一些没什么影响力的演出，入不敷出，一穷二白。

唐唐的存款也都被啃得差不多了。

唐唐劝许风：“要不我们重新换个地方吧，换个生活的路子，其实干什么我都无所谓，只要和你在一起。”

许风却说：“不行，我要搞摇滚。”

曾经最吸引唐唐的点此时此刻变成了他们生活中最大的绊脚石。

这个世界上搞音乐的人那么多，能成名的微乎其微，再加上摇滚这个乐种的受众群体本来就有限，想要出头，难上加难。

唐唐和许风都是憧憬自由的人，理想至上，和唐唐不一样，许风不愿意放弃自由与理想。他的人生中会路过很多站牌，却没有一站值得他下车。

唐唐只能告诉他自己怀孕了，许风的回答更是冷漠。

听到许风的回答，唐唐不可置信地问："那可是你的孩子！你怎么忍心？"

许风说："就我现在的情况肯定养不起他，生下来就是个累赘。"

"你怎么可以这样心狠？你到底爱不爱我？！"

唐唐告诉我，她从来都没有想到，一个男人绝情起来能冷酷到那样的程度。

许风道："从一开始，我就没有爱过你。"

后来唐唐离开了许风。

她攒够了绝望，受够了伤痛，一无所有地回到了原本自己生活的城市。

许风依旧在很多城市进行演出，入不敷出，穷困潦倒。

离开了许风的唐唐用了很多年的时间振作，这段历史是唐唐心上的一道愈合不了的伤口，无人撒盐都疼痛不止。

那是用一段再也回不去的青春和一条无辜的生命换来的人生教程，从那以后，唐唐绝口不提寻求一份爱情。

面对那些在爱情中迷茫的女孩，她这样说："你一定需要一个对你好的男人。"

所以在"你爱的人，还是爱你的人"的选择题中，唐唐最终还是决定选择后者。

爱情是双向选择题，不是单纯一方感天动地的付出就足以支撑起整段感情的美满与和睦。

在一段值得好好经营的感情里，女孩一定都需要一个对她好的男人。

阿秋就是一个被宠上天的女孩。

她遇到了一个对她足够好的男人，在她的人生陷入绝境的时刻。

阿秋被查出肿瘤的时候，已经和大冬到了谈婚论嫁的地步。

从医院回来的路上，阿秋想了很久，最终决定和大冬说分手。医生告诉她虽然肿瘤发现得早，但是手术的成功率并不是很高，她极有可能失去生命或是留下很严重的后遗症。

那即将是阿秋人生中最灰暗的时光，她不希望大冬和她一起经历痛苦和绝望。

大冬知道了阿秋的病情，但他直截了当地拒绝了她的分手要求。

他说："我是不可能离开你的，你想都不要想。"

在阿秋生病的这一段时间里，大冬又像男朋友，又像父亲。他负担起照顾阿秋的所有事，每一项每一件，具体分明又细致，就连阿秋的父母都比不上他的仔细。

在阿秋生病之前，大冬就对阿秋很好，阿秋生病之后，他的好不减反增，他根本不给阿秋胡思乱想的机会。

他每天都会给阿秋讲新奇好玩的事情，想着法子变着花样让阿秋开心，阿秋的病房里笑声总是不间断。

其实在进手术室之前，阿秋已经做好了生离死别的准备。

可是在进手术室的那一刻，她突然迫切地想要活下去。

她无法放弃一个对她这样好的男人，她不愿意离开他，她也不愿意留下大冬一个人。

阿秋的手术非常成功。

不仅手术很成功，恢复得很快，而且一点后遗症都没有。

出院的那一天，小护士来送阿秋，阿秋感谢护士的照顾，护士却笑笑说：“你痊愈得这么快恢复得这么好，都是你男朋友的功劳啊，爱情的快乐抵得上一切苦口良药。”

大冬是阿秋的爱情，是阿秋的良药，是阿秋的希望。

你一定需要一个对你好的男人。

就像大冬对阿秋那样，就像说书人故事里的那样。

爱情不是博弈，也不是赌博，而是寻找一个踏踏实实肯对你好的男人相伴一生。

对你好的男人不会让你流泪，也舍不得让你受伤。

我们都在迷茫应该去选择什么样的男人，应该去经历什么样的爱情，我的答案是，去寻找一个对你好的男人，去经历一份快乐的爱情。

享受与愉悦，才应该是爱情最原始的模样。

05.

对你舍得大方而不是对谁都慷慨解囊

“抠死了！”

“有多抠？”

“就是你根本想象不到的抠！”

岑岑一旦抱怨起来，那可是一万字的长文都装不下她不重样的吐槽。

岑岑新交了一个男朋友，是个小警察，小警察刚考上编制不久，任何单位对新工作的员工，不论是在薪酬方面还是在工作时长方面都不太友好，所以小警察的钱包时常都是瘪瘪的。

然而岑岑是个重视生活品质的女生，不是说盲目追求，也不是刻意为之，但长期的消费习惯和价值观使得岑岑在吃穿方面都不太会委屈自己。

和一般的拜金女不同，岑岑不花别人的钱，她只是把自己的工资花得精光，存不下半点积蓄。这和小警察的价值观大相径庭。

小警察在上大学的时候就去给小学生初中生做家教，几年的时间也有了好几万的积蓄，小警察生活很节俭，大概是因为自己家庭也不太富裕的关系，他把“男孩要穷养”这句老话体现得淋漓尽致。

因此在岑岑的眼中，这就是抠到家。

有多抠?

岑岑是这样描述的：“你说他虽然刚工作不久，工资也不是很高，但是也没有必要把所有的钱都存着吧，我是真的看不到他花钱。最重要的是，他约我出去吃饭都是去一些很平价的餐厅，都不肯去那种稍微高档一点的西餐厅……”

我点点头，又问：“除了这个呢？”

“没买过什么礼物给我，七夕节的时候给我买了一支口红，专柜也就300多块钱，还非要走代购，结果我一看，还是个假货。”

我有些无语，“人家也不是故意买假货给你的啊！”

“他为什么就不去专柜给我买呢？就省了那么几十块钱……”岑岑一边呼气一边说，“我是真的看不惯抠的男人，如果和他在一起自己的生活质量都降低了，那我还不如自己一个人逍遥快活去呢！”

小警察的确是有一些抠门的。

但相对于对自己抠，他对岑岑已经算是比较慷慨的了。

他和岑岑不合适的原因，在于两个人的消费观和价值观不同，平时购物所注重的东西也不同。像小警察，会去理性地考虑自己所花的每一笔钱是不是都值得，而岑岑看重的是这笔钱花出去所带给自己的奢侈感和愉悦感是否足够。

不过岑岑有一句话是对的，不愿意给你花钱的男人大多数都是不够爱你的。

因此在恋爱中，你要确保的一件事是，他在和你谈恋爱的时候，是不是愿意为了创造一些你想要的浪漫和惊喜而有所花费。

凌晗就有一个总能给她带来浪漫和惊喜的男朋友——阿创。

阿创在一家外贸公司做销售，月薪过万，在一个二线城市，这样的收入还算是可观的。凌晗和阿创在同一家公司，凌晗做行政，每个月工资不到6000元，对于女生来说，这样的薪酬也还算是体面。

凌晗上学的时候就是校花级别的，追凌晗的男生不说多，组一场足球赛还是绰绰有余的。工作了之后，身边的优质男人更是不少，和其他的追求者比起来，阿创的优势并不大，甚至还不如其中一些有才有貌有钱的男嘉宾。

之所以会看上阿创，大概就是因为阿创追求凌晗的时候，是真的舍得花钱。

凌晗从小就被众星捧月惯了，长年累月养成了一副高傲的姿态，大部分人看凌晗这样的气场，就都纷纷知难而退了，有一小部分征服欲比较强的男人，磨刀上阵准备虏获美人，结果都被凌晗冷冷的态度碰得一鼻子灰。

在现在这个科技高速发展的年代，追求一个女孩的代价变得格外低廉。每天一句“早安”和“晚安”，微信上锲而不舍地聊天，似乎就成了一个男人追求一个女人的标配。

凌晗向来是看重行动的女孩，在这一点上，其他追求者就都不如阿创了。

加之，阿创占得地利，近水楼台先得月，才能在这场马拉松比赛中拔得头筹。

别人找凌晗都是网上聊天，阿创找凌晗是直接面对面地交流，每一次来找凌晗，手上要么是鲜花，要么是奶茶，要么就是小零食，从不间断。

阿创的出手也很大方，一到节假日就是买买买、送送送，关键买的东西不管品位怎么样，钱是砸到位了，这个月一套CPB的化妆品，下个月一个PRADA的包，再过两天就是一双UGG的靴子。

在请吃饭这件事上，阿创也从不含糊，到底是做销售应酬多的男人，当地有什么口碑很好的店，他都摸透了，每一次带凌晗去吃的店要么就是口味很好，要么就是价格极高。

一个男人愿意为你花钱，那不就是最好的告白吗？

凌晗就这样和阿创在一起了。

阿创这个人在本质上是没有任何问题的，为人很仗义，朋友也很多，唯一的不好就是应酬比较频繁，而且由于朋友比较多，总是有很多人来找阿创帮忙。

成年人的帮忙大都和金钱挂钩。

因为阿创平时也经常请朋友吃饭，出手比较大方，似乎手头上比较宽裕，借钱这种事总是能摊到他的身上去，三五百的有，三五千的有，三五万的也有，关键是，阿创从不拒绝。

他对凌晗狠得下心来花钱，对别人也都慷慨大方，请客吃饭一顿饭吃个两三千是家常便饭，买件衣服三四千也是再正常不过。

凌晗刚和阿创结婚的时候，新房要装修，两人去买家具，阿创嘴上说着要给凌晗用最好的，买起家具来几万几万的眼睛都不眨一下，凌晗见阿创对自己这么舍得，心里更是感动得不得了。

结婚的酒席更是奢侈得不得了，一桌酒席要3500元，结婚的钱恨不得吃空了老一辈的所有积蓄，但在凌晗的眼里，那就是赤裸裸的爱的证明。

结了婚之后，阿创依旧慷慨如初。

几个狐朋狗友经常性地找他吃饭，每一次都是阿创买单，每一次阿创喝完酒回来，刚发的工资总要折损不少。

偶尔一顿就算了，三天两头这样，凌晗终于觉得有些奇怪。

月薪一万五，年底奖金撑死了两万，一年收入最多20万，算不上特别富裕。阿创的家庭情况一般，父母都是一般的工薪阶层，退休了一个月也就2000块钱的退休工资，哪里能由得他到处挥霍。

常年花钱这么大手大脚，这些钱从哪里来的？再三逼问之下，阿创才坦白交代，原来他的信用卡里已经欠了二三十万。

每个月都是套一张卡还一张卡，由此进入了恶性循环。

凌晗得知之后，气得恨不得要爹毛，无奈两个人已经结了婚，凌晗也瞬间沦落为共同债务人。

曾经有多风光，得知真相后的凌晗就有多狼狈。

所有肆意挥霍的过去，就像一道无形的枷锁一般扼住了她命运的咽喉，让她根本无力招架。30万的债款总归得还，否则利滚利算下来，她这辈子都别想过一天安生日子。

她遇到阿创的时候，年纪还小，尚不知道什么叫生活，只知道这样慷慨的风花雪月带给自己无限的满足和虚荣，以为只要一个男人愿意为自己花钱，那就是爱。

她很清楚一点，当一个男人不爱自己的时候，一定不会为自己花钱，舍得在自己身上花钱的男人，一定是对她有所喜爱的，阿创也的确如此。

没有人质疑过阿创对凌晗的感情，但对心爱的人舍得大方，不能是对所有的人都慷慨解囊。

对喜欢的人大方是爱情，对所有的人大方是愚蠢。

首先要搞清楚他是对你有爱，还是头脑愚蠢，再去衡量他为你付出的时间、金钱和精力是否值得你去托付终身。

聪明的姑娘能收获爱情，还不够透彻的姑娘总归也要学着杜绝愚蠢。

毕竟找爱情，最重要的还是找一个合适的人。

一个对你大方、舍得为你付出的人，而不是一个看似对谁都好，实则挖东墙补西墙的傻瓜。

第三章

你要等，也要找

01.
你所错过的所有人，都是在为那个合适的人让道

有一个相亲对象能凑够好几桌的小溪告诉我，她错过了很多适合结婚的对象。

刚毕业出来工作那会儿，二十二三岁，有一份不错的工作，颜值在线，情商在线，这个社会上的所有人似乎都展现出对她的善意来，她不愁嫁不出去，也不愁以后遇不到好的人，所以挑剔的眼光成了阻拦她寻找到合适的另一半的最大绊脚石。

那时候小溪也遇到过一个非常非常好的结婚对象。

那是小溪的第一个相亲对象。

男生是个书生气十足的帅小伙，没有任何不良嗜好，平时喜欢看书、运动，斯斯文文的像个小秀才，骄傲的小溪还太年轻了，男生比她大六岁，临近30岁的男人都在考虑结婚成家的事，可小溪满脑子里都是除开结婚那个囚笼以外的所有新奇有趣的事物。

后来小溪陆陆续续又相亲了很多次。每一次都像例行公事一样，完成父母长辈同事朋友交代给自己的任务，完成之后就都不了了之了。

每一次问小溪为什么后来就都无疾而终了，她的回答都是：“我能遇到真正合适的那个人。”

后来小溪30岁了。

在现在这个社会，30岁就像给一个单身女人判了死刑。

所有人看待30岁的女人，目光都不太友善。

“哎呀，你看这个女的都30岁了，30岁还嫁不出去，肯定是自己有问题！”

30岁的男人就不会承受这些。

外界对于30岁的男人容忍度极高，即便是再过几年，30多岁的男人，只要自身条件过硬，20岁出头的小姑娘依旧是一抓一大把。

小溪厌恶这个对30岁女人毫无包容度的环境。

一边厌恶，一边畏惧。

“他们凭什么对30岁的女人指指点点？难道30岁的女人没有人权吗？我不过就是没有结婚而已，因为我特立独行，因为我与众不同不合群，所以我就活该被嘲笑吗？”小溪一面说着，一面掩饰自己内心的孤独。

小溪是孤独的，即便她不说，她的眼睛也不会说谎。

她多次表示自己曾经相亲的那些对象中，分明有很多是值得托付终身的，只是大多都被她自己亲手毁掉了。

她开始后悔，可吃回头草这种事基本上是不可能的，多年前拒绝的那些男生大部分都有了自己的家庭，小溪不过是他们人生中一个匆匆的过客罢了。

我跟她说：“错过就错过了，错过的人就不要再回头想了。”

想也得不到，得不到就更难过。

小溪明白这些道理，可多少心里还是惦念。

我之前在专栏上写过这样一句话：“你所错过的所有人，都是在为那个合适的人让道。”我把这句话原封不动地送给了小溪。

在寻找合适的那个人的过程中，总归会有这样那样的阻碍存在，于是我们一次又一次追寻，一次又一次错过，不过没关系，你要知道，错过是为了更好的遇见。

30岁的小溪始终没有消极沮丧。

即便社会的大环境带给她难以支撑的压力，让她时常会缅怀过去，也偶尔会后悔自己当初不懂事，但不论如何，小溪都没有停止自己寻找的脚步。

就算没有爱情，小溪也依旧让自己走在路上。

她会留意圈子里的一些优秀的男孩子，遇到合适的心仪的也会主动为自己制造一些机会，在追求爱情的过程中，除了等，她也不是束手无策。

也许是爱情一直都不顺遂的缘故，小溪在事业上似乎都没有经历过什么挫折，她的职位升得很快，31岁就已经做到了公司的副总。

当上副总后，很少再有人给小溪介绍对象了。

一个工作能力极强的女强人，周遭的男生大多都是望而生畏，也没什么介绍人再去自讨没趣了。

小溪时常还会感慨那些年自己错过的那些人，想完之后，依旧振奋精神，继续前进。

万圣节那天，小溪和我们几个朋友一起去方特玩。本来我们几个是打算给另外一个女生介绍男朋友的，结果没有想到，那两个人彼此都没有来电，倒是小溪和那个高管男对上了眼。

万圣节之后的第三天，其中一个朋友请我们几个去她家吃饭，结果那天，小溪是和那个高管男一起出现的。

大家这才知道两个人之间发生了什么，纷纷咋舌——这两个人神不知鬼不觉就算了，进展速度居然还这么快。

从小溪的口中，我们得知了万圣节那天的后续。

后来那天下雨了，因为方特距离小溪家比较近，所以她没有开车，步行过去的，一行人要分开的时候，小溪谢绝了其他人的好意，说自己可以步行回家，结果翻包才发现自己的伞落在了游乐场里。

于是她冒着大雨折回去，没想到和高管男撞了个正着。

高管男刚从停车场开了车出来，正好瞧见小溪急匆匆地往回走，便停下来说要送小溪回去。

当然，小溪对高管男一定是有好感的，否则后面的故事不会发展得那么顺理成章。

两个人在回去的途中交换了联系方式。

小溪觉得自己这31年都是白活了，在遇到高管男之前，她的确是认识很多适合结婚的对象，也错过了很多看上去很合适的男人，但没有一个男人带给小溪的感觉和高管男一样。

那是一种什么样的感觉？

“相见恨晚，”小溪这样描述，“无可替代。”

短短两天的时间，小溪就做了一个让人瞠目结舌的决定，她想和高管男结婚，高管男给她的答案也是一样的。

所以两个人在以结婚为前提的情况下开始了他们的恋爱。

四个月之后，两个人订婚。半年之后，两个人结婚了。

对于小溪来说，等待对的人的这段时间兴许是长了一些，但好在她没有放弃。她终于不用再去回忆之前错过的那些看似合适的结婚对象，她也终于相信，她错过的所有人，都是在为合适的那个人让道。

身边有很多30多岁了却依旧单身的女孩。

她们都有着自己精彩的人生，她们也曾错过一些让人唏嘘不已的好对象，也曾经历过让人痛苦绝望的分开，但这些过去并没有让她们停滞不前。

慧慧就是其中之一。

作为新世纪的女性，她显得有些过于古板。

在这个婚前性行为已经被称作“婚前试爱”的年代，慧慧对这件事依然坚持。

她没有谈过任何一场恋爱，因为她在刚接触每一个男人的时候都说：“我不能接受婚前性行为。这些事情都得留到结婚之后，不然我爸会打断我的腿。”

慧慧是个家教极严，也听话得要命的质朴姑娘。

她不泡夜店、不逛酒吧，有时间就宅在家里看书画漫画。作为一个专职的漫画作者，慧慧画笔之下的那些情节和画面的脸红心跳程度远远高于她的自身经历。

没趣的女人——慧慧这样评价自己。

我说：“现在大多数年轻人单身的原因就是自己的配置跟不上自己的要求，对自己没有足够清醒的认识。你倒好，认识得这么透彻。”

其实慧慧也不算是多么无趣的女人。

她唯一无趣的地方，就是古板。

可是她不知道，古板的女人往往也有独特的吸引力。

她所错过的那些男人，欣赏不来她的内涵，接受不了她的思想，对慧慧来说，那些都并非合适的良人。

总有一个人会为了慧慧身披铠甲、脚踏七彩祥云地披荆而来。

于是慧慧认识了冯高，一个认为慧慧的古板思想很有趣的男人，他认为慧慧和其他的女孩都不一样，她们都是庸人，而慧慧与众不同。

慧慧结束了自己30年的单身生活，那些她拒绝的也好，放弃她的也罢，都没能阻挡她遇见冯高，都没能剥夺她收获幸福的权利。

冯高尊重慧慧的一切想法，也尽力满足她的所有合理要求，他们彼此都是对方等待多年的初恋，他们比谁都更明白对方的重要。

和冯高结婚之后，慧慧开了一个漫画连载，专门用来记录她和冯高之间的点点滴滴，不论是那些甜宠的日常，还是那些偶尔调味的小拌嘴，都是他们爱情中珍贵的回忆。

后来慧慧在接受一次专访的时候说到自己和冯高的故事，她说，错过和过错都不可怕，可怕的是你因为过和错就放弃孤独，选择将就。

泰戈尔说过：“如果你因为错过太阳而流泪，那么你也将失去群星了。”

这个世界上大概有两万个人有概率成为我们的另一半，而那些错过就是在为这两万分之一让道。

千万不要因为错过就懊恼沮丧，真正与你合适的天生一对，绝不会让你错过。

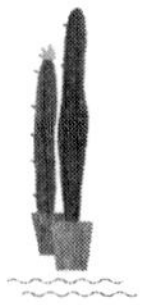

02.
你的朋友圈决定你的择偶质量

两年前我有幸作为嘉宾去参加了一个当地的读书沙龙活动，在活动现场认识了一个女孩子，她向我诉说她遭遇的困境，是她发现自己根本就没有办法找到男朋友。

我问她原因是什么，她说："根本就没有一个男生能发展成我的男朋友，也很少有人给我介绍。所以我就一直单身到现在了。"

单身的理由千千万，但是愣要说自己周围的男生没有一个能发展成为对象的，未免也有些太夸张了。

朋友、同学、同事、邻居等，都是可以发展的对象，这么多人中都找不到一个吗？我表示有些难以置信。

但是等她同我讲完自己的故事之后，我发觉，这样的情形不仅存在，而且还是可以究其原因的。

女孩叫丛嫣，在一家设计公司做设计师助理。

丛嫣当设计师助理的工作时间很固定，朝九晚五，工作之余唯一的兴趣爱好是打麻将。

之前微博上有句话特别有讽刺意味：年轻人有三样东西不能碰，追星、麻将、王者荣耀，一旦碰了你就会觉得，单身可真有意思。

我问丛嫣为什么会喜欢上打麻将，她叹了口气说："还不是因为无聊嘛。"

其实无聊的时候明明有很多事情可以做，打麻将并不见得是一个好的选择。

因此丛嫣的交际圈大多都是她的牌友们。

牌桌上也总能有很多这样那样的八卦，丛嫣后天形成的三观也是从麻将桌上开始的。

她有一个关系特别好的牌友，叫徐佳。

在所有人看来，徐佳都算得上是一个典型的白富美。

她从事的是跳舞工作，经常会跟着当地的舞团去跑一些商演，形形色色的男人女人也接触了不少，她和老周就是在做活动的时候认识的。

老周是个出了名的浪子，也就是现在人们口中常说的渣男。

很显然，徐佳并不是不知道老周的底细，但她还是选择和老周保持一种暧昧不清的关系，不是因为徐佳爱老周，而是因为老周人帅工作好，最重要的是，老周喜欢徐佳。

在和老周成为无名却有实的男女朋友时，徐佳还有一个备胎。

备胎是个开保时捷的富二代，出手阔绰，丛嫣从徐佳的嘴巴里听出来徐佳对两个男人都无法割舍。

她问我："你说一个人如果同时喜欢上两个人，应该怎么办？"

"这是个假命题。"我告诉丛嫣，"徐佳的说法不成立，没有人能同时喜欢上两个人，能说出这种话，说明她一个都不喜欢。"

就像老周，老周曾经纸醉金迷、花天酒地，遇到徐佳后就开始夹紧尾巴做人，再也没跟其他不三不四的女人混在一起。

所以说，一个人不可能同时喜欢上两个人，除非他谁都不喜欢。

老周在一家事业单位工作，工作稳定体面，但工资少得可怜，负担不起徐佳的支出。学跳舞的姑娘随便买一双舞鞋就是他一个月的工资，所以徐佳和老周保持这种不正常关系的唯一理由是，老周是个带得出去的男人。

和备胎富二代比起来，老周长得出众许多，属于那种走在路上回头率都很高的男生，再加上说出去名声好听的工作，还有老周身为公务员的父母，这样一个家庭给了徐佳和备胎富二代在一起时得不到的赞许。

之所以迟迟都没有和老周确定关系，正如前面所说，因为老周的钱袋供养不起她想要的生活。如果她真的想要和老周过日子，那么她就要节衣缩食，一改以前花钱大手大脚的毛病，这对于一个想要过上阔太太生活的女人来说，令人绝望。

还有一个最根本的原因，是老周的家里不欢迎徐佳。

老一辈的人接受不了跳舞这种抛头露面的工作，而且老两口心里也通透得很，即便自己的儿子以前是那种臭德行，遇到这个厉害的角色，他也只有认输的份儿。

那么为什么徐佳不选择备胎富二代呢？理由更简单，因为富二代除了钱什么都没有。

徐佳是个搞艺术的人，在艺术上有所造诣的女人对自己身边男人的要求自然也不会低，物质和精神往往同等重要。

说白了，她没办法接受自己以后带着富二代出去，介绍的时候除了说他有钱之外，其他的什么都说不了，而且富二代还在经历老周之前的生活，他还年轻，还没定性，他根本就没怎么把徐佳当回事。

总有人问，后来呢？后来徐佳选择了谁？

答案是富二代。

但她不是向物质低头了，而是因为老周的身体出了状况。在那样的情况下，徐佳抛下老周不管不顾，即便老周的病并不是无药可救。

从嫣告诉我说，其实那个时候徐佳已经和老周开始一段感情了，可老周出事的时候，徐佳竟然和备胎富二代出去看电影了。

她道行高深，在两个男人之间徘徊不定却如鱼得水，能将两个人之间的关系处理得滴水不漏。

我问从嫣："你羡慕徐佳吗？"

从嫣摇摇头，说："不羡慕，我觉得这样不太好。"

“不是不太好，是很不好。”

从嫣点点头，说：“是很不好。”

“既然知道她不好，那为什么不远离她？”

从嫣没有想到我会这样说，她抬起头，有些惊讶地望着我。

“近朱者赤，近墨者黑。你要记得，你的朋友圈决定你的择偶质量。如果你的身边都是徐佳这样的人，那么你遇到的人也都只可能是那个备胎富二代，或者更差劲。明明知道那是一个错误的三观，却还是安心地接受，久而久之，这样的三观就是你的三观。”

从嫣突然打了个寒战。

她仿佛第一次听到有人这样对她说。

那是正常的。

除了从嫣牌桌上的朋友，她应该还有一些工作上的同事、学校里的同学，又或者是网络上认识的同伴，这些人大多数都有着清醒的头脑和理智的三观，他们中的大多数不会不知道从嫣正在走向一条自我毁灭的道路。

但是没有人愿意多管闲事。

毕竟在从嫣看来，徐佳是她最好的朋友，谁愿意去蹚浑水拆散别人自以为纯洁无瑕的友情，最终惹得自己一身腥臊？

正是因为如此，从嫣才会找不到男朋友。

我们大多数人对于另外一个人的了解，都是通过别人的嘴巴。倘若别人的嘴巴里传出来的都是“从嫣和徐佳是好朋友”，那么“物以类聚人以群分”这样的标签就会死死地粘在从嫣的脑门上，摘都摘不下来。

大多数人用了二三十年的时间学会了人前闭嘴，人后多嘴，所以从嫣才会越来越迷茫，越来越沮丧。

“这是我给你的建议，如果你自己也觉得徐佳并不是一个值得深交的朋友的话，我希望你能听得进我说的话。和你说这些，是因为我和你是萍水之交，我和你之间不用碍于什么日后还会低头不见抬头见的不便。我只是希望你明白，和什么样的人成为朋友，以后你的身边就会越来越多这样的人。”

我不知道从嫣那天有没有听进去我说的话。

毕竟只是一个毫无联系的陌生人，她凭什么去界定我说的话的真假，又凭什么选择相信我而去改变自己的人生呢?

直到两年后，我收到了一条微信验证。

是从嫣。

我通过了她的添加好友请求，刚一通过，她就发来了一个结婚邀请函。

现在朋友圈很时兴那种通过微信链接发出来的结婚请帖，很多都不走纸质邀请函了。

我有些惊讶，发道：“恭喜恭喜，祝你新婚快乐。”

“找你的联系方式可费了我好大的劲儿呢。我托人找了之前那个读书沙龙活动的负责人，这才有了你的联系方式。”从嫣说，“前两天在整理办酒席要请的人的名单，我一直记着你呢，想着一定要请你来参加我的婚礼。”

从嫣实话告诉我，两年前我跟她说的那些话，虽然让她回去思考了很长一段时间，但还不至于说当即就和徐佳断了联系。

后来私下里她旁敲侧击了其他人对徐佳的看法，她也明白如果继续过着那种自甘堕落的生活，那么这样糟糕的朋友圈能给她带来的只有更加糟糕的人生。

所以从嫣最终决定和徐佳疏远。

她戒掉了麻将，业余时间用来看书、练字、学习尤克里里，用自己多余的工资报了一个兴趣班，在兴趣班里，从嫣遇到了很多志同道合的朋友，她和自己现在的丈夫就是在那个兴趣班认识的。

从嫣的丈夫是个典型的21世纪知识分子，是个很有思想、头脑很聪明的男人。

她说：“我一直记得你对我说的话，朋友圈决定一个人的择偶质量。无论如何，我真诚地邀请你来参加我的婚礼。”

盛情难却，我自然不会拒绝从嫣的好意。

婚礼现场我见到了从嫣，她挽着丈夫的手，笑得很甜。两年之后的从嫣身上多了一丝成熟女人的妩媚，和当初愁眉苦脸的她判若两人。

如果有什么能改变一个女人的状态，那一定是爱情。

美好的爱情让女人年轻漂亮，失败的爱情让女人衰老沧桑。

我们得去寻找一份好的爱情，得去遇到一个好的人。

在此之前，先看一看自己的朋友圈是否容得下一个好的人。

是时候让自己活在一个优秀的环境里了。

03.

适当情况下，放弃矜持，主动出击

秀秀去参加了一场当地的单身联谊活动。

活动里一共有50对单身男女，秀秀作为事业单位的在编职员以及兼职的摄影师，按理说这样的条件应该不乏追求者才对，可是秀秀始终都没有脱单。

秀秀去参加活动的时候把我也拉过去了。

我不是嘉宾，所以只能在观众席看他们进行活动。

每个嘉宾进去都会有一张号码牌，卡片作为最后环节会用到的重要道具，将被这些单身的男女们送给心仪的人。

活动的最后，秀秀没有收到任何一张心仪卡。

在场的女嘉宾有三分之二的人都收到了卡片，还有一些女生甚至收到了三四张卡片，可是秀秀却孤零零地坐在旁边的位置上，看上去很落寞。

在这样的场合，收不到心仪卡是一件面子上很挂不住的事，至少秀秀这样觉得。

事后我告诉她，没必要沮丧也没必要气馁，只是这50个男生里没有合适的那个人罢了。

她问我："我不知道为什么我一张卡片也收不到，按理说，我应该不至于差到连一个喜欢我的男生都没有吧？我是真的不太明白，那些长得不如我、工作不如我的女生为什么能收到好几张卡片？"

凡事当然都是要一分为二来看的。

造成这种结果有很多种可能性。第一种可能性，在场的很多男生的条件其实是配不上秀秀的，有一部分应当是知难而退了。第二种可能性，也是正常活动中，秀秀存在的最大问题——高冷。

事实上，秀秀在平时的生活中并不是一个高冷的女生。

她不仅不高冷，而且很活泼、很幽默，是个开心果。但秀秀只要接触到可发展成为对象的男生的时候，她自然而然就会端架子，满脸都写着"生人勿近"。

其实秀秀不是高冷，她只是害怕，只是紧张。

她不知道应该怎么样和男生进行交流。遇到不喜欢的男生，秀秀把嘴闭上，明显表现出对他没有一丁点的兴趣；遇到喜欢的男生，她又变得非常怯懦，不敢开口说话，生怕自己一开口说话，就会说错，就会说多，这样会惹得对方不高兴，或是说太多话会让对方感觉出她很满意面前的这个人。

秀秀在感情上一直都是一个很被动的人。

她从来都不会主动，就算喜欢一个人喜欢到骨子里去，她也不会在面上表露出分毫。

她非常善于掩藏自己的小心思，尤其是喜欢这种小情绪，生怕自己隐藏得不够彻底，她时常会板着一张脸，虽然眼睛里都盛满了心意，但是粗线条的男人可看不到这些细节。

他们只会觉得，你对我这么冷淡，就是不喜欢我。

秀秀的相亲基本上都是这样的，她面无表情，也从来不会主动和对方交流，表现出的状态让人感觉非常冷漠。

其实秀秀的状态一定是出了问题的。

之前几个朋友就跟秀秀说过，让她在和喜欢的男孩子相处的时候稍微主动热情一些，没必要端着架子，让人觉得疏远，毕竟她本来就不是这样高冷的人啊！

这些话秀秀听是听进去了，但是要付诸行动去彻底改变之前的表现，实在是有些困难。

面对秀秀这样的问题，我只能笑笑，说："问题的答案其实你都知道呀！"

是的，秀秀都知道。

因为告诉秀秀她存在的问题的人太多了，一个两个说，可能是每个人的观点不一样，但是大批量的人跟她说同样的话，那一定就是她自己本身出了问题。

秀秀也很无奈，她说："我是真的没有办法，性格这种东西从小就养成了……"

"不不不，你这不是本身的性格。你本身的性格开朗活泼又外向，会出现这样的问题，只是因为你还没有摆正自己的心态。"

在和异性交往的过程中，心态很重要。

秀秀的心态是，在爱情里，女人生来就是不能主动的，主动的那一方一定是输家，所以她宁可牢牢地闭上嘴巴，也不愿意认输。

然而爱情里哪有绝对的输和赢。

在爱情里，不要去做卑微到泥土里的那一方，但不代表，我们不能主动去表达自己的心意。

没有谁天生就应该主动，如果总是一方主动而另一方一直都像秀秀这样，那么主动的一方一定会觉得自讨没趣。

谁都不想成为自讨没趣的那一方。

爱情本来就是有来有往的过程。

一个人不能总是一味地付出，得不到任何回应的付出会让人觉得心力交瘁。

所以，在爱情中，要适当地学会——放下矜持，主动出击。

与秀秀相反，何晨是个懂得如何在合适的时间和合适的地点主动的女人。

何晨在一家保险公司做项目主管，28岁的女孩，不过才从大学毕业五六年，就能做到项目主管的位置，可见何晨的业务能力有多强，而做保险这一行，每天都免不了和客户打交道。

何晨是一个很会说话的人。

进退得当，这是何晨在开项目会议的时候对手下员工说的话。

她告诉那些新来的员工："如果你想要抓住机会，那么你一定要学会主动出击。"

何晨和秀秀参加了同一次单身联谊活动。

在联谊会上，何晨表现得十分健谈，她说话的时候眉宇间有盈盈的笑意，这样的状态让周围的男孩子不禁都对她心生好感，相比之下，其他的女孩就黯然失色了。

在活动环节，何晨主动申请成为那一个组的组长，成为组长，就意味着会和组里的男生有更多深入接触的机会，在组织小组活动的时候，何晨又展现出自己业务上出色的组织能力，这让一旁其他组扭扭捏捏的女孩子显得很没存在感。

其实在活动的过程中，何晨已经有了心仪的对象。

在自我介绍的环节之前，嘉宾们彼此基本上是没什么了解的，但是在休息的空隙，何晨找准了时机，在心仪男生旁边的位置上坐了下来，她主动和他打招呼，恰到好处地表露自己对他抱有好感。

她说："我会把我的心仪卡给你。如果可以的话，希望你也能把心仪卡留给我。"

在最后的票选环节，毫无意外，何晨收到的心仪卡是最多的，她交出了自己的心仪卡，但并没有收到男生的心仪卡。

男生没有把心仪卡给任何人。

票选之后是表白环节，有六个人给何晨递了心仪卡，都是相当不错的男孩子，但是何晨都婉拒了，还是决定向喜欢的男生表白，争取最后的机会。

何晨那天的表白是这样说的："现在这个社会和以前不一样，我不坚守所谓的恋爱中男生一定要主动的原则，因为我知道，机会是掌握在自己手里的，当我遇到我喜欢的人，如果我不去争取，如果我不去告诉他，那么我连进海选的机会都没有。所以我要尝试一下，我不相信主动的那个人是输家，但我也有自己的尊严和骄傲，如果你拒绝我，我也会知难而退，毕竟感情的事情是相互的。比起一味地单相思和付出，我更希望的是你对我也有所心动。"

在何晨之前，有两个女生表白都被拒绝了，导致后来递交心仪卡的女生都选择了放弃自己喜欢的男生，唯独何晨，热情主动却不卑不亢，她站在舞台上，微笑如三月春风和煦，后来何晨赢了。

男生最终选择了她。

为什么在爱情里女生就一定要高高在上？为什么女生要求所有的追求者都成为自己的裙下之臣？这并不是一个正确的爱情观。

在爱情里，人人平等。

在期待对方对你多一点关照多一点爱护的同时，你是不是也要适当地给对方传递一点心动的信号呢？

何晨说得很对，机会是掌握在自己手里的。如果遇到喜欢的人不去争取，那么有可能连进入海选的机会都没有。

遇到优秀的男人，不要害怕也不要畏惧，不要像秀秀一样，生怕自己开口被拒绝成为灰头土脸的输家，爱情里，本就不存在什么绝对的输赢。

比起沉默寡言、绝口不提最终丧失良机，适当地给自己给对方创造一个机会又有何不可呢？

再者，主动并不是卑微。

遇到不值得我们去爱的人，没有必要把这种喜欢变成病态的单相思，在正确的男女关系中，男女双方都应该被尊重。

所以，在适当的时候，就放下矜持，主动出击吧。

主动不是认输，但不开口去创造机会就已经输了。

懂得在卑微和热情中权衡，掌握自己追求的尺度。不把主动当成一种卑贱，也不把高傲当成一种胜券在握。

如果秀秀一直保持这样的状态，也许她会在未来的某一个时间点遇到一个愿意为她彻底放下身段的男人，但没有人知道未来会如何，我们只是惋惜秀秀因为这样的自己错过了一个又一个机会。

要去等，也要去行动。

要知道，机会掌握在自己手里才叫机会。

04.

让自己变得更好，“合适”的层次就会上升

总有人抱怨，为什么别人给自己介绍的对象都是那种条件很一般的，她根本就看不上的。

自身的配置匹配不了自己的要求，这是现代单身男女的通病。

每个人都会用显微镜去看别人身上的缺点，谁都希望自己能找到一个更加优质的人生伴侣，正如每个女人都幻想有一个男人能征服世界，而这个男人恰好被自己所征服。

我们在寻求人生伴侣的过程中，总是讲究一个合适。

合适的三观、合适的物质条件、合适的生活习惯，都是我们所寻找的“合适”的必不可少的条件。

但你要知道，当你常年混迹于各种两元超市去淘一些廉价商品的同时，是没有能力要求自己的另一半手握各大银行无限卡的。

因为适合你的人，一定是跟你在同一个层次的。

换言之，如果你自身变得更好，那么属于你的“合适”的层次就会上升。

我有个编剧朋友叫小童。

编剧行业并不像一般人想的那么光鲜亮丽，大多都是一些奋斗在底层的小编剧通宵熬夜加班赶剧本，一次又一次地打回去重新修改，满足“甲方爸爸”的各种要求。

小童深受其害，苦不堪言。

为了迎合投资公司的要求，小童不得不在各种时间各种地点抱着电脑含恨修改剧本，每一天都在奔波与抱怨中度过。

小的影视公司请不起大咖，只能找一些薪酬比较低的三线演员拍摄一些网络大电影或者是网络剧，也没什么资源和营销手段，数据差是正常的。

然而，更坑爹的是，这种没有咖位背景的小公司想要拍出让人耳目一新的电视剧或是电影，只能以剧情取胜，小童从工作到现在一共参加过十多部电视剧和电影的编剧工作，其中夭折了的就有七部。

夭折的理由千千万，反正小童除了公司发的微薄的底薪之外，根本就拿不到剧本的提成。

她总是深更半夜打电话过来向我哭诉：“欢欢，我真的快要干不下去了，我这个月又是最低工资，就连新进来的实习生都有提成，我居然都没有，我来这公司也快三年了，根本就没有什么上院线的片子，我这还怎么混啊！”

每一次小童都是一把鼻涕一把眼泪，说得可怜极了。

我问她有没有换工作的考虑，小童赶忙说：“换什么工作啊，现在的编剧行业本来就是僧多粥少，而且你知道的，现在大多数的投资公司都喜欢去找那种大IP进行改编，我们这种小公司根本就买不起大的IP，也请不了多大的咖位，公司流水都少得可怜……主要我现在都没有一部拿得出手的片子，我要跳槽也跳不到别的地方去，谁要我啊！”

小童知道自己所处的生活现状，她也知道自己现在面临着多大的挑战和考验，她明白现在的自己就是一个毫无能力的井底之蛙，她已经放弃了去寻找外面广阔的天空的打算了。

我说：“你总不能一辈子都这么打算吧？”

“我都二十七了……”小童叹了口气说，“我得赶紧张罗着结婚生孩子了，本来工作就一般，再不趁着还有点年轻的资本去寻找一份真爱，到30岁就更加没有主动权了。工作什么的真的没有家庭重要，我们单位的同事都这么跟我说，说等我找到老公的时候，满心思都是家庭和孩子，哪里还有心思去管工作上的事情。”

小童的说法倒也不错。

已婚女人的重心往往都会偏移到家庭和孩子上，小童未雨绸缪，倒也算得上是高瞻远瞩。

但是现实的问题是，小童无法接受自己身边的人选。

于是她又开始了新一轮的抱怨。

“天哪，你知道我们同事给我介绍的都是一些什么歪瓜裂枣吗？就是那种，在天桥下面贴手机膜的都比他们给我介绍的对象要赚得多……”

“他们都给你介绍什么样的对象啊？搞得你这么嫌弃。”

小童掰着手指数给我听：“你看啊，有在别的小影视公司的小导演，就是那种拿不出任何成品的挂名导演，还有那种美其名曰摄影师其实就是一个拍证件照的，有个警察倒是不错，可是人家是体制外的，而且长得还很丑……”

我忍不住笑起来，问：“那你倒是说说，你觉得什么样的人才适合你呢？”

“最起码也得有个稳定靠谱的工作吧，怎么说赚钱也得是我的两三倍吧，有房有车是标配吧？”

我善意地提醒她：“稳定靠谱的工作大多赚的钱都跟你差不多，你如果想要赚的钱是你的两三倍的男人，那么他的工作一定不会很稳定。还有，你要知道，你是在北京，在北京这种寸土寸金的地方，有房有车……你怕是想不开。”

小童似乎忘记了，自己租的房子在距离公司很远的地方，因为那里的房租她勉强能够负担得起，交完房租之后的工资，只够她日常的饮食起居，最多一个月可以买一件衣服，或者买一套化妆品，小童是个不用信用卡的姑娘，所以她每个月的生活都很拮据。

小童听我这么说，有些不太开心，她板着脸问我：“你的意思是，我配不上这样的男人吗？”

“不是你配不上，而是你们不合适。你一个月拿着2500的底薪，在北京这种地方，你去要求一个身价高出你很多很多的男人是不现实的，因为你们生活的层次不一样，你们的阶层不一样，强行在一起也一定会出现各种各样的问题。更加现实的是，与你不在一个段位的男人，根本就不会想着要给你机会。”

那天我说的话似乎刺痛了小童，她回去的时候整个人都非常消沉。

她知道自己的现状处于社会金字塔的最底端，而她想要去接触高层次的男人，一定是不适合的。就算她千娇百媚，也不见得能把人家迷得神魂颠倒。

小童有一个好，那就是她脑子还是很清醒的。

我告诉她，如果你想要那些，那你首先得让自己变得优秀起来，这样你的层次一旦上去，与你合适的人的层次也会上去。

“首先，你得有拿得出手的作品。”

以前小童在工作上总是得过且过，只要“甲方爸爸”睁一只眼闭一只眼，那么她就不会想着要把剧本写得尽善尽美。现在的影视业非常难做，砍掉的片子一部又一部，小童总是抱怨现在市场不景气，却从来没有想过，是不是自己的剧本根本就达不到让投资方在这个紧张的市场经济体制下非拍摄不可的程度。

小童用了很长一段时间去打磨了一部电视剧。

这部电视剧是她利用自己的私人时间去做的。

她工工整整地写好了40集的剧情，用了一年多的时间，把这部电视剧的剧本打磨得可圈可点，其间她曾发过几集给我看了看，我从来都没有想到，原来小童的编剧水平可以到达这样一个高度。

以往她总是在按部就班地完成领导交给她的任务，而这一次她拿出来的东西，是她挖空心思去做的属于自己的事业。

小童辞职了。

辞职之前，她完成了小影视公司的所有任务，有两部上了网络平台的电视剧，反响都还不错，在这样的基础上，她拿着自己耗时一年多的作品寻找影视公司，最终被北京的一家大公司签下。

大公司看上了她做的剧本，非常想投资这个项目，她一个默默无闻的小编剧通过这一部电视剧一跃成为编剧界冉冉升起的新星。

换了平台的小童遇到了人生中的贵人，她的作品被影视公司斥巨资打造，请的演员都是现在流量爆炸的明星，而她在剧组跑的时候，也遇到了一个经纪公司的总监。

总监是个很惜才的人，之前看到了这家影视公司给的剧本，非常希望自己旗下的艺人能出演这样一部转型的片子，因为人物的塑造和情节的铺张一定会让出演的艺人涨不少粉，总监一直都很想见见这一位编剧。

结果没想到，竟然是个还没到30岁的年轻女子。

总监已经35岁了，交谈的过程中，他了解了小童的过去，也知道了她这两年来的努力，除了欣赏，未婚的总监对小童还有一些爱慕的情愫。

总监很快对小童开启了追求模式。

大经纪公司的总监，在北京有几套房，薪酬也是按照年薪来计算的。当然现在的小童也凭借这一部优秀的作品又签下了其他的两部电影，稿费可观，而且小童所在的公司和总监的经纪公司决定达成长期的合作。

当小童变得很好的时候，对于她来说，总监就不再是高不可攀的男人，而是可以和她处在同一层次上的合适人选。

当一个人自身的配置不断提高，那么她所处的阶层也会不断提高，与她合适的人的阶层自然也在一个水平线上。

于是要求高变得不再是一件吹毛求疵的事情，它只是需要你自己也变得更好，只有你自己变得更好，你才配得上这份层次不低的“合适”。

小童如是，所有人都如是。

05.

千万不要因为寂寞而选择结束单身

“要不，我们就在一起算了，反正你也单身，我也单身，反正我们都需要一个人陪。”

“行啊，那就在一起吧。”

这就是程曦和顾南故事的开始。

程曦和顾南是十多年的老朋友。

两个人从初中开始就认识，两人的班级相邻，因为都在学校的广播站做节目，经常打照面，一来二去就熟悉了，这样的联系一直保持了十多年，即便在多年后程曦和顾南都离开当地去了天南海北的大学念书，两个人的联系都没有断过。

从最初的同学、搭档，到后来的朋友，再到之后的恋人，一切似乎都发展得顺理成章，但一切似乎又有些说不清道不明的怪异。

从朋友发展成恋人这样的例子数不胜数，但前提是，两个人选择在一起的理由不是因为寂寞。

偏不凑巧，程曦和顾南就是因为单身太久太寂寞所以选择了更进一步。

两个人在一起的理由如果是“恰好都需要人陪”，那么这样的关系，并不是真正意义上的恋人。

当两个人的共同好友知道了程曦和顾南在一起的消息，纷纷表示非常惊讶。

因为两个人真的太熟悉了。就像电视剧里演的和小说里写的“就算是全天下的人都死光了，我也不会和你在一起的”那种关系。

大家也都明白，支撑着程曦和顾南在一起的，并不是所谓的日久生情，只不过是顾南在孤单的深夜里被程曦的那一句“要不，我们就在一起算了”所打动。

都二十五六的年纪了，谁还不需要一个人陪？

冬天，动物都能抱团取暖，人还不能找个能拥抱的对象吗？

这十多年，顾南身边的对象换了一个又一个，基本上每一个程曦都是知道的。顾南很信任程曦，所以很多事情都会和程曦说，再加上一个大男人，就算是再博学多才、见多识广，女孩子的心思也不是那么好参透的，于是程曦就成为了顾南的恋爱导师。

程曦帮顾南出谋划策了好多次，成功的概率也很高，为此，顾南还专门请程曦吃了几次饭，每一次程曦生日，顾南都会买礼物为她庆生，两个人的关系一直都是点到为止，谁都没有更进一步。

反观程曦，这么多年来，她只有过一个男朋友。

之前的男朋友是程曦的大学同学，是一个社团里的学长，对程曦很照顾，那时候放暑假，程曦回家，学长来到程曦所在的城市，顾南还和两个人一起吃过饭。

后来程曦和学长分手的原因很简单，毕业季，分手季。

两个人天南地北，都不可能抛下自己的亲人和朋友去到彼此的城市重新开始，所以便和平分手。

程曦分手那会儿，顾南也是空窗期，两个人便经常混在一起。

当初程曦和顾南两个人都决定读研究生，等两个人研究生毕业后又都回到了本地，两个人的工作单位距离不远，下班之后经常一起约饭，共享自己身边的趣事或者烦心事。

学长是晨曦的初恋，初恋的威力巨大，分手的威力更是堪比原子弹，虽然是和平分手，毕竟是四年的感情，程曦觉得全宇宙都炸了。

这一次终于轮到顾南来帮程曦的忙了。

顾南安慰程曦说："你说你难过个什么劲儿啊，谁还不是单身，你看本公子，潇潇洒洒那么多年，最终还不是这么凄惨。"

程曦呸了他一声："我能和你一样吗？"

按照顾南的描述，那天的程曦头发乱糟糟的，哭得像个小丑，脏不啦唧的，他随口说了一句："怕什么，这不还有我陪着你呢！"

然后两个人的关系就变得暧昧。

这种暧昧期一旦形成，就像一条只能顺着水流往前漂的小舟，回不了头。

所以在某个深夜，程曦开了口，顾南也顺水推舟地答应了。

和顾南在一起之后，程曦觉得两个人之间的相处突然变得非常奇怪。本来是好朋友的关系，无话不说，可是成为男女朋友之后，他们之间的感觉就开始变得非常微妙，有些话不能再用以前的口吻说出来，有些话再也不能说出来。

两个人改变了彼此的相处模式，这样的改变让彼此都无所适从。

说到底，两个人都没有做好在一起的准备，程曦和顾南都明白，彼此之间并不适合成为男女朋友，朋友的相处模式才是两个人在一起时最舒服的相处状态。

于是这样薄如蝉翼的感情根本就经不起任何风雨。

没到三个月的时间，程曦和顾南就分手了。

分手的理由简单却荒谬——他们没有办法接受彼此成为摆脱寂寞的工具。

没错，他们只是因为寂寞选择了结束单身，两个人之间的感情点到为止，刚刚好到友情的阶段，却偏偏要往前一步，揠苗助长，最后适得其反。

从朋友到恋人，再从恋人到分道扬镳，前前后后的时间不超过三个月，没有人能料到他们十多年的感情竟然毁于一旦。

其实也不奇怪。

在彼此都没有做好准备的情况下草草地在一起，没有经过深思熟虑的感情从一开始就注定了陨灭，这是必然，并非偶然。

而在一起过的人要怎么样再回归成为朋友？即便是嘴上说得再轻松简单："分手之后我们还和以前一样，做朋友啊！"都不可能真正回归到之前的状态，两个人只能渐行渐远。

程曦非常后悔那天晚上心血来潮时的提议，顾南也懊悔自己没有经过考虑就选择答应，才会让一段本该能维持更长时间甚至一辈子的友情最终变成了泡影。

因为寂寞而选择结束单身的草率决定，必然是错误的。

在一家上市公司就职，月薪30万，年龄28岁的阿泽，不能忍受自己的生活中有超过两个月的空窗期。

现实生活中哪里有这么多可供选择的对象和交友圈？于是阿泽的目光慢慢转移到"附近的人"的交友软件上。

交友软件上的人鱼龙混杂，阿泽是个年轻有为的单身男青年，对女生的要求自然也有一定的标准，但阿泽心中想要告别寂寞的对象不会被他列入结婚对象的那一栏，他只是单纯地觉得一个人的生活尴尬又无趣。

于是阿泽在交友网站上认识了很多女孩。

他是个有原则的男人，不正当的性关系在阿泽的世界里是不可能发生的，所以他的的确确是找了一个又一个的女朋友，而并非单纯的性伴侣。

可阿泽心里很通透，他知道自己对那些女孩的走心程度根本就不足以支撑起他心中所期盼的男女朋友关系。

阿泽陷入了一个死循环。

他开始频繁地换女朋友，每一个看似都认真了，可每一个都没让他觉得无可代替，所以他一个又一个地交女朋友，一次又一次地经历分手，不断地经历空窗期，不断地因为寂寞而选择结束单身。

这样的恶性循环在他30岁的时候停止了。

他突然明白继续这样的生活简直就是一种无休止的慢性自杀，他期盼一份爱情，绝不是因为寂寞，也不能因为寂寞。

阿泽在跟我说起他这两年的经历的时候，觉得自己就是人们口中的渣男。

“我没有想欺骗任何一个人的感情，也没有想不负责任，但是最终我觉得自己没有办法真正意义上地爱上对方，从另外一个角度看，我这样的行为就是在变相地欺骗对方的感情，这对于对方来说，也许就是一次伤害。”

阿泽说喜欢看一些故事，所以得知我写故事，特意来找我。

我笑了笑，问他：“那你现在结束单身了吗？”

“没有。”阿泽摇摇头，“我觉得因为寂寞而找个人在一起是一种极其不负责任的行为，虽然我现在依旧孤单，但我不觉得孤独。”

我想经历了这些的阿泽内心已经足够充实，他知道自己想要什么，也知道究竟做什么、怎么做才是一种负责任、有担当的行为。

前阵子一个单身的姑娘给我发来了一条信息，说她在熬过了近30年的单身岁月之后，终于迎来了人生的春天。

她拍婚纱照的时候笑得很开心，我想，这份感情对她来说真的来之不易。

这么多年了，她的心里一直有一条底线，那就是找一个人成为恋人，一定是经过深思熟虑，而不是因为两个人恰好单身，又恰好出去吃了一顿饭、看了一场电影，在昏暗的影院里，顺势就牵起了手。

没有人想自己成为对方结束寂寞生活的工具，每个人都想要得到对方认真的付出和真实的情感。

其实在此之前，有很多人都想和这个姑娘发展，但都被她拒绝了。

她也有短暂心动的，由于年纪的缘故，实在是想找一个人相拥而眠，总不至于每天都是一个人孤独地睡去，再孤独地醒来，可最终她还是保持了清醒的头脑。

她明白有一个人值得她等待，也一定有一个人需要她等待。

这等待的过程虽然漫长，这孤单的夜晚虽然寒冷，但光明总会到来，温暖也总会如期而至。

在此之前，所有的煎熬和寂寞都情有可原，所有的等待和坚守都弥足珍贵，所有的拒绝和告别都心安理得。

总有一个人值得，这才是我们选择继续孤单的理由。

第四章

你的选择对象，决定你的婚姻质量

01.
门当户对是婚姻的基础

微博上有个关注我的粉丝，让我印象非常深刻。

我曾经多次访问她的微博主页，不为其他，就因为她的颜值实在是太高了。

她和我在同一个城市，她每天的日常就是晒车、晒包、晒护肤品、晒娃——没错，她就是所有人眼中令人艳羡的白富美、阔太太。

一次偶然的机会我从一个朋友那里得知，那个粉丝名叫安雅，嫁给了我们当地一个区的首富的儿子。

那位首富的公子我没有见过他本人，但在安雅的微博里，我看到过照片。

人人都说，安雅嫁给首富的公子目的性太明显了。

也许如此。

安雅在一所学校里当老师，工作体面，颜值高于标准线太多，所以即便是安雅的家庭条件和首富家比起来相差太多，就光凭前面两个条件，就足够吸睛了。

首富之子长相平平，但是经济头脑一流，人们说，安雅和首富之子的结合就是各取所需。

安雅需要一个能供给她阔绰生活的移动ATM，而首富之子则需要一个让所有男人都羡慕的面子。

在嫁给首富之子后，安雅生了两个儿子，按理说，这足以让安雅在首富的家里站稳脚跟。在听朋友说起真实情况之前，我一直都以为安雅就如同灰姑娘一样，穿上水晶鞋，从此跻身上流社会。不是所有人都有机会成为灰姑娘的，只有安雅有这个资本。

故事应该像小说和电视剧里发展的一样，首富之子和安雅相亲相爱，成为让所有旁观者艳羡的一对，然而，现实永远和想象相悖。

从朋友的口中，我得知了安雅高攀之后的真相。

即便是安雅给首富家生了两个儿子，也并没有改变灰姑娘的生活现状。

安雅成为阔太太的同时，遭遇的是婆婆的冷眼和吐槽。

安雅嫁入豪门之后的地位不容乐观。

婆婆喜欢打麻将，安雅就成了麻将桌上被议论的首要对象，安雅日常的各种行为都被无限放大，每一个细小的缺点都成为不可饶恕的错误，久而久之，但凡和首富家有联系的人都知道，他们家的媳妇一点都不讨人喜欢，简直是个奇葩。

那么安雅真的有这么不堪吗？当然不是。

婆婆满脑子想的都是这个儿媳把自己的儿子迷得神魂颠倒，就是看上了他们家的家产，对安雅充满了敌意，这样的敌意不会消失，因为安雅的家里和首富家里的经济水平差异不会变化，只要这样的断层存在，关于金钱的利益纠纷就不会消失。

安雅无疑是可怜的炮灰。

她成为炮灰不过是因为她不明白一件事——门当户对。

这四个字在婚姻当中出现的频率太高了，老一辈的人不断强调这四个字的重要性，不过是因为门当户对是婚姻的基础。

恋爱是两个人的事，恋爱的终点是婚姻，可婚姻却不再只关乎两个人，而是两个家庭的事。

当两个家庭出现极大的断层，门当户对的平衡性一旦失调，那婚姻关系便会成为台风中糊在门窗上的纸，破裂不费吹灰之力。

亲戚家有个女儿宋甜在尝试了很多次之后终于考上了公务员，那时候宋甜已经30岁了。30岁的女人无疑在单身界并不吃香，即便她的工作体面，家庭条件也非常优渥，但她的相亲市场到底还是太局限了。

30岁的宋甜很焦急，相亲的屡屡失败让她觉得自己的婚姻无望。

身边的朋友一个个都结婚了，婚姻幸福、生活美满，绝大部分都生了孩子，还有的孩子都能上街打酱油了。

生活在这个社会里，宋甜不想成为人们眼中的异类，所以她迫切地想要找到一个归宿。

但是正如前文说的，30岁的女人在相亲市场就如同菜市场的青菜任人挑拣，和宋甜同等条件的男生早就被年轻的女孩先下手为强了，剩下一些还算门当户对的对宋甜的关注度也不高，大多都是见了一次面之后就没了下文。

宋甜真的着急了。

在这样的大背景下，宋甜认识了一个博士。

博士刚毕业没多久，在一家大公司工作，月薪6000元，年底有奖金，年薪大概不到10万的样子。

博士对宋甜很有好感——这是宋甜相亲了好几圆桌之后唯一一个真心喜欢她的男人。在经历了无数次失败的相亲之后，宋甜不愿意再去接触其他人选，加之自己的年纪已经到了实在不能等的程度了，于是宋甜匆匆忙忙地决定和博士在一起了。

恋爱的过程不长，两个人都到了成家的年纪，但有一个致命问题横亘在两个人之间。

两个人的家庭背景相差太大了。

宋甜从小就娇生惯养，她的父母都是当年的大学生，后来找准时机下海经商，开了两个厂子，生意非常不错。博士是农村人，家里有三个姐姐，父母都是山里的农民，没有养老保险，也没有文化，家里的条件非常糟糕。

作为家里唯一的儿子，博士每个月的收入有一部分要交给父母，贴补家用。三个姐姐虽然都结婚了，但是嫁的男人都是山里的，条件也都很艰苦，家里就出了这么一个高才生的弟弟，被家里人视为掌中宝。

宋甜的父母本不同意她和博士在一起，觉得两个家庭的差距实在太大，这样的差距根本就没有办法支撑两个家庭的携手并进。

可是宋甜太着急了。

过年就31岁了，她生怕如果和博士分手遇不到一个真心喜欢她的，她这一辈子都嫁不出去了。

年龄真是架在女人脖子上的一把刀。

在这样的压力下，宋甜最终还是和博士结婚了。

婚礼的筹备阶段，宋甜的父母不想自己的女儿去山里穿一生只能穿一次的婚纱，因此坚持要让女方这里作为主场。山里的老一辈对这种婚嫁观念看得很重，女方主场对于男方家里来说，简直就是给他们响亮的一耳光。

男方的父母希望男方家里作为婚礼的主场，但宋甜的父母一句话就把对方噎得说不出话来："就你们家这个条件，行吗？"

这一耳光算是打得彻彻底底了。

男方父母大老远从山里赶过来，跨越了1000多千米的距离，佝偻地站在婚礼的舞台上，脸上的表情很僵硬。

在婚礼结束之后，女方一家人去男方家办副场，男方父母因为之前的事情怀恨在心，宴席当晚，根本就没有安排女方的父母到镇上的饭店住，那一晚，女方的父母在山上破旧的屋子里吃着冷冰冰的蛋炒饭，如鲠在喉。

因为这件事，亲家双方谁都不再给谁好的脸色看。

当然，结婚之后的问题就体现得更加明显。

博士每个月依旧还是要贴补家用，因此每个月交给宋甜的工资少之又少，家里大部分的开销都是宋甜一手包办，而且博士长期在当地发展，不回老家，就目前的收入情况，他根本负担不起好几十万的首付，于是博士又顺理成章地住在了宋甜的家里。

博士从小的经济条件和宋甜差距太大，导致婚后两个人在消费观念上也相差很多，两个人经常因为花钱的事情吵得不可开交。

这段婚姻维持得非常辛苦。

因为经济背景落差巨大带来的差异让两个年轻人对这场婚姻失望透顶，最后由于孩子的缘故，两个人还是选择了互相包容和继续生活。

隔阂一旦形成，就永远不会消失，这堵墙将贯穿他们的整个人生，直到他们的子女成家立业才会有所改善。

有一次在家族聚会上，我又见到了宋甜，她带着儿子，整个人看上去很憔悴。旁边的博士看上去倒是一副悠然自得的模样，旁边的姐姐戳了戳我的手臂，小声道："看到没？那就是典型的凤凰男的姿态。宋甜找谁不好，非找他，本来没有他，宋甜自己的生活水平又不差，现在直接降低了自己的生活标准，不知道她自己有多么想不开。”

诸如此类的话在饭桌上我听得太多了，宋甜和博士的故事成为了众多亲戚之间茶余饭后的谈资，大家嬉笑怒骂，最后都事不关己高高挂起，就权当作一场笑话看了。

在这场不成功的婚姻里，门不当户不对是他们之间最大的问题。

倘若当初宋甜能把门当户对这一条摆在年龄之前，那么这么多年她就不会在暗地里承受这么多本不该承受的委屈。

想要稳固一段长久的婚姻关系，择偶的标准很重要，在诸多标准中，两个家庭的匹配是构建一个良好的家庭关系的重要基础。

朋友圈子里的大多数人，但凡是婚姻美满幸福的，两家人之间的差距也不会太大，因为他们彼此都明白，选择合适的，除了体现在个人身上，还体现在家庭方面。

在追求一段稳定的爱情关系和婚姻关系的过程中，不要忽视两个家庭的因素，相互匹配的物质条件和门当户对的家庭背景才能成就更加长远和稳固的婚姻。

02.
你得学会去寻找潜力股

小Q离婚了。

作为我写手圈里最好的朋友，好巧不巧，小Q和我住在一个城市。两年前我曾经去她所在的县区找过她，那时候她刚结婚不久，她和丈夫一起开车到车站来接我，我第一次见她丈夫，相貌堂堂，一表人才。

现在应该称他为前夫。

小Q和前夫是相亲认识的，是同一个镇子上的人，算是知根知底，两个人见面之后感觉很好，不到两个月的时间就闪婚了。

都说闪婚是噩梦的开始，这话不绝对，但用在小Q的身上，的确如此。

前夫在上海工作，周末才回来，按照前夫家里的说法，他在一个工程队做工程预算，一个月也有一万多元，虽然一万多的月薪在上海这种大城市算不上什么，但在小Q所在的小县城，还算是不错的收入。

结婚三年，前夫一共给了小Q三万块钱。

到最后离婚的时候，前夫要走了小Q作为嫁妆的20多万的汽车，房子是男方的首付，上面没有小Q的名字，等于说她净身出户。

最搞笑的是，男方从一开始就是骗婚。

什么工程预算的一万多的月收入，根本就是编出来的谎话。当初小Q觉得这个男人事业有成，所以即便是看出前夫骨子里并不是一个有上进心的人，小Q还是决定和他结婚，结果没有想到，自己从一开始就陷入了一场骗局。

前夫在上海混吃混喝了一年多，一直都住在朋友那里，根本就没有工作，更别提挣钱贴补家用了，出去吃饭看电影掏的都是小Q的钱，逢年过节给前夫买衣服刷的也是小Q的卡，作为一个专职作者，虽然小Q的收入不低，但是一场婚姻的经济压力怎么可以完全落在女人身上呢？她觉得不可思议。

得知真相之后，小Q便和前夫陷入了无休止的争吵之中，当她提出要和前夫离婚的时候，谁知前夫只是撂下一句“我早就想跟你离婚了”，摔门而去。

“我以前一直想找个事业还算是小有成就的男人结婚，我认为只要他混得还可以就足够了，结果经历了这一段失败的婚姻我才知道，女人，还是要学会去找一只潜力股。至少，他在事业上，得有一颗上进的心。”

这个世界上没有这么多的年少有为不自卑。

20岁是女人最美好的年华，可20岁却是一个男人最贫穷最自卑的时候，所以女孩子，一定要懂得去选择一只潜力股。

他在遇见你的时候可能一无所有，但他一定要有一颗积极上进的心以及一张对人生有清楚规划的蓝图。

我有一个结婚十年的朋友，一次闲谈时，她对我讲起自己年轻时候的一段故事。

在她刚开始工作的时候，她认识了一个男人。男人在政府部门做最底层的工作，那时候甚至不在体制内，条件非常一般，但他对朋友特别好。

朋友是一个对人生很有规划的女生，她清楚地知道自己想要什么，她明白自己要寻求一份合适的感情，步入一段稳定的婚姻，那时候的男人是不符合朋友的择偶标准的。

尽管男人很有才华、很有思想，也很有抱负，朋友始终都没有给过他机会。

谁都没有想到十年之后，男人成了市政府的二把手。

在和朋友失去联系的第二年，男人就通过了公务员考试，并在五年内成功跃到中层的位置，十年后，坐到了高层的交椅。

而十年前，朋友选择的老公处在什么位置，十年之后，他依旧在那个位置，没有一丁半点的变化。

朋友的丈夫是社会事业局的正式员工，工作稳定，朝九晚五，每天下班回来，他都坐在沙发上玩手机或是坐在电脑前玩游戏，偶尔出去打打球、上上网，有了孩子之后，他会花一些时间在孩子身上，但其余的时间基本上都用来休闲娱乐。

这无可厚非，巨大的工作压力让人想要在工作之余休闲娱乐是很正常的事。只能说朋友的丈夫安于现状，满足于此，故步自封。

一次偶然的机会，朋友的老公有一个工作上的应酬，是为了接待上层的领导巡查，朋友也出席了，结果没想到和多年前追求自己的男人就这样硬生生地打了个照面。

十年的时间可以彻底改变一个人。

有的人平步青云，有的人自甘末流。

朋友的脸上突然挂不住，她觉得有一丝羞愤。

因为她知道，自己的人生也许就止步于此了，而她当初放弃的那个人，会越来越好，最终到达一个她永远也抵达不了的高度，是她亲手放弃了这样的机会。

所以朋友告诉我说：“女人啊，还是要找一只潜力股。”

找潜力股听上去简单，但做起来却难如登天。

“男人有钱就变坏。”这是很多缺乏上进心的男人给自己的不努力和不作为找的借口。

一有钱就变坏的男人不是潜力股，是品行有瑕疵的暴发户。

寻找潜力股，品行永远是放在第一位的。

在寻找潜力股这件事上，阿婉简直就是人生赢家。

阿婉从学校毕业之后就在加油站工作——听上去多么不讨喜的工作，可是，天知道当初为了这份工作，多少人挤破了头都想要争夺这个位置。

在加油站这种垄断企业，只要不犯什么大错，一辈子的稳定工作是不需要发愁的，不过也没什么发展前途，在加油站的男生一般来说在婚恋市场并不那么吃得开。

阿婉的外形条件较为出众，穿衣也很有品位，她在外面的相亲市场吃得很开，所有人都想不通阿婉怎么就看上了跟她在一个单位的徐生。

徐生就是一个加油站的小职员，平时话也不多，长相平平，家庭条件也一般，实在是没有什么吸引人的点，阿婉却说："有些人看上去资质平庸，很一般，以后也不像有什么大的出息，可这世界上大多数的人都资质平庸，那些身居高位的人，也不见得生来就比别人优秀。"

她总觉得，像徐生这样的人，一般人看来，他的外在的确是没有任何吸引人的点，但是倘若你走进他的内心深处，就会发现徐生其实是一个很有思想很有主见的男人。就算他现在的位置还不足以支撑起他内心的梦想，但是按照他自己的人生规划，一步一个脚印地去做，阿婉相信，任何事在徐生的面前都不足挂齿。

常有人把爱情和婚姻当成一个赌局，有的人赌赢了，家财万贯，有的人赌输了，一无所有。人人都在爱情的股市里观望、犹豫，买了又卖，卖了又买。

阿婉却对自己的决断很有信心。

即便在所有人看来，她手中的那只股票可能永远都只呈现出绿色，但阿婉有信心让手中的股票飞速上涨。

在阿婉嫁给徐生的第五年，在两个人的孩子刚开始开口叫爸爸妈妈的时候，徐生遇到了人生中最大的机遇。

准确来说，不是徐生得到了这个机遇，而是所有加油站的员工都得到了这个来之不易的机会。可机会是给有准备的人的，毫无疑问，徐生已经为这个机会等待够久了。

所以他借助着这次跳槽的机会，彻底改变了自己的人生走向。

当徐生已经成为杰出的创业青年荣登报纸杂志的时候，有媒体专门采访了一次阿婉。镜头前的阿婉笑得落落大方，她说："我并不惊讶他会有今天的成就，但我依旧为他骄傲和自豪。"

记者询问起阿婉和徐生过去的故事，随后记者好奇地问："徐太太当初怎么知道徐先生就是你要的潜力股呢？"

"赌一把嘛。"阿婉说，"输赢都是一生，虽然我知道我一定不会输。"

阿婉告诉记者，不要去放大一个年轻男人短暂的贫穷和碌碌无为，要去关注他在维持温饱的同时还在做些什么，是挥霍着手中多余的工资去装出一副富家公子的样子，还是脚踏实地地规划着自己的人生并为之不懈努力。

除了在事业上，还要关注他在日常生活中与人相处的点点滴滴。

潜力股注重细节，却不拘泥于小节；潜力股为人谦卑，也懂得如何与人交际；潜力股懂得取舍，绝不会因为暂时的得失计较不悦；潜力股的行动永远紧跟着思想。

如果你在20岁的时候遇到了一个年轻有为不自卑的男人，那么恭喜你，你一定比中了乐透彩更加幸运。

如果你在20岁的时候遇到的男人一无所有，请记着别把他拒之门外，回过头来看一看，究竟他是不是值得你去买下、值得你去等待的那一股。

你得学会寻找潜力股，一个疼爱你、珍惜你、包容你、成就你的潜力股。

聪明的女人目光长远，短浅的见地很有可能让你失去一个事业爱情双丰收的机会。努力去发现吧，生活中从不缺少充满冲劲和理想的年轻人，缺的只是一双善于发现的眼睛以及一颗愿意陪他奋斗和甘愿等待的心。

03.

孩子？

“年轻人啊，早点结婚没关系，但是别急着要孩子，还是多享受一下两人世界吧。”我记得以前楼下的邻居总是对我说这样的话。

以前我总不能理解，直到后来无数桩有关孩子的失败案例摆在眼前，我才彻底明白，人们常说的“婚姻是爱情的坟墓”并不准确，让大多数婚姻走向坟墓的，更可能是他们的孩子。

于是有人忍不住要反驳我：“孩子是爱情的结晶才对吧？要是没有孩子，婚姻关系才更容易破碎吧？”

诚然如此，对于一对恋人来说，孩子的确可以拉近他们彼此之间的关系，这句话适用于那些貌合神离的爱人们，而对于本来就如胶似漆的新婚小夫妻，孩子才是让他们的爱情走向衰亡的最重要因素。

他们常常还来不及面临生养了孩子之后的种种问题，单单在生不生孩子这一点上，就陷入了不可调和的内部矛盾。

和叶冰冰结婚之前，唐特还是个什么都不懂的黄毛小子。

和唐特结婚之前，叶冰冰还是个养尊处优的大小姐。

两个人青梅竹马，两小无猜，从小叶冰冰就知道她这辈子可能要嫁给唐特那个浑蛋了，所以在经历了小学同窗六年之后，叶冰冰不顾家里人的反对，执意要去县区读初中和高中，这样离开唐特的时间能够长一点。

距离产生美，这句话是真的。

在经历了六年的初高中异地以及大学四年的天各一方之后，两人一从大学毕业就回到当地工作，这么多年两人也没经历过什么感情，毕业之后经过双方父母撮合，两个人也是一拍即合，很快就确定了关系。

两个人都是相当有趣的灵魂，即便是认识了这么长时间，待在一起的时候也从来都不会觉得腻。

和其他浓情蜜意的小情侣相比，这两个人更像是欢喜冤家。俗话说，不是冤家不聚头，冤家路窄的两个人为了对方不再去祸害其他人，就决定勉为其难地凑合着过了。

这话是从唐特的嘴巴里冒出来的，叶冰冰知道自己的老公这样说，呵呵冷笑一声，道："他勉为其难什么？他暗恋我这么多年还嘴硬。"

唐特也的确是喜欢了叶冰冰好多年。

两个人同龄，唐特比叶冰冰大几个月，但唐特在叶冰冰的眼里依旧很幼稚，不过两个人之间心照不宣的秘密是——以后他们多半是要结婚的，所以不爽归不爽，吵架归吵架，感情依旧和睦，想拆散他们是不可能的，这辈子都是不可能的。

叶冰冰嫁给唐特当然也是因为她喜欢他，可以说，这两个人是我身边为数不多的嫁给爱情的例子。

结婚后两个人的日子过得也很快活，和结婚之前并没有什么明显的差异。故事的转折是从唐特的妈妈催促着两个人要孩子开始的。

二人世界本来过得好好的，唐特虽然想过要孩子，但是由于叶冰冰从来都没有说起过自己有这样的打算，孩子这件事也就没有提上日程。

结果唐特还是承受不住母亲的连环轰炸，把要孩子的想法告诉了叶冰冰，没想到得到的答案竟然是："生孩子？我没想生孩子啊！"

唐特彻底惊了。

"你不打算生孩子吗？"

"不生啊！生什么啊生。自从我有结婚的念头之后，我就决定要成为丁克了。"

两个人之前从来都没有谈到涉及孩子的话题，没料到第一次说到孩子的话题竟然会是这样的局面。

传统的老一辈自然是没办法接受丁克这一做法的，唐特的妈妈也不例外，这种思想的出现无异于在唐家和叶家中间掀起了千层海浪，当叶冰冰被父母质问为什么不愿意生孩子的时候，叶冰冰表示自己从来都没有想过要孩子。

这把叶爸爸和叶妈妈气得半死。

“生孩子这种事轮得到你来任性吗？哪个女人结婚之后不生孩子？”

“爸，现在这种丁克在国外很流行的，国外很多人都不愿意生孩子的。”

“你要搞清楚，这是在国内，不是在国外！”

叶冰冰不懂，国内和国外同属于一个地球，凭什么丁克在国外备受欢迎，在国内却这么不招人待见。后来叶冰冰心里实在郁闷，就找了几个姐们儿帮她排忧解难，得到的回应都是——赶紧生个孩子吧，趁着你还年轻的时候赶紧生，等你年纪大了，成了高龄产妇了，事情可就没这么容易了。

叶冰冰强调：“我说了我没想生孩子啊，这跟年龄可没什么关系，我这辈子都不想生孩子。”

“那你干吗结婚啊？”

叶冰冰又反驳：“难道说结婚就是为了生孩子吗？”

“结婚不生孩子，那你结婚用来玩啊？”

“结婚是因为我想和唐特过一辈子啊！这和生不生孩子有什么关系？”

叶爸爸知道了，差点气成心梗。

叶冰冰却说得头头是道：“爸，你记得你爷爷的爷爷的名字吗？你孙子的孙子会知道你是谁吗？这种结婚就是用来传宗接代的观念本身就是一种错误，夫妻也不应该被孩子束缚。”

当然，叶冰冰的观点被唐家知道之后，又掀起了滔天巨浪。

唐家老两口一直催着两个人结婚还不是为了能早点抱孙子，结果居然搞了一出丁克。唐特也孝顺父母，见不得母亲这样怄气，再加上他自己也喜欢孩子，觉得一个家庭没有孩子注定是不完整的，于是就和叶冰冰吵得不可开交。

以前在一起的时候，吵吵架拌拌嘴是调情，后来结了婚为了孩子的问题，吵架是动真格的。

叶冰冰骄纵惯了，哪里受得了唐特这样和自己翻脸，东西收拾好直接就回娘家去了。

可惜在这件事情上，叶冰冰的父母也没法和叶冰冰统一战线，一时间，她觉得自己孤立无援，觉得世界上就只剩下她自己一个斗士为了誓死捍卫丁克一族的尊严而殊死搏斗了。

叶冰冰想不开，拿着护照就出国去了，在国外她将丁克精神传递给家里，最后叶家二老舍不得女儿，还是妥协了，可唐特和叶冰冰的关系却陷入了前所未有的僵局。

这段感情从涉及孩子的那一刻起就变得如履薄冰，唐特不再与叶冰冰谈及此事，两个人之间像是横亘着一条无法逾越的鸿沟，不论如何努力，只要不从根源处解决这个问题，两个人就无法真正意义上地齐心协力。

叶冰冰深夜发了条微博：“婚姻不是爱情的坟墓，孩子才是。”

如果孩子成为两个人关系的阻碍和绊脚石，那只能证明，因为孩子与你产生争执乃至分道扬镳的人，并不是所谓的适合你的人。

两个人在一起，舒适是第一位的。感情只有在一个舒适的环境下才会开花结果，倘若只是强求着要一个生命的延续，结果反而会让两个人都变得痛苦。

如果还没有做好关于孩子的后续打算，那就不要轻易开始一段婚姻，为自己的爱情自掘坟墓。

我有个姨妈已经50多岁了，她是当地第一人民医院最出众的医生，她年轻的时候遇到了一段轰轰烈烈的爱情，他们相知、相爱，不顾任何人的反对，步入了婚姻的殿堂。

这桩婚事遭到所有亲人的反对，因为男人是个流浪画家。

说流浪画家，是因为他实在没有一份正经稳定的工作来贴补家用，他的那些画在艺术家的眼中也许价值不菲，但在物质的世界里根本就一文不值。

他的收入非常不稳定，也许他一个月能卖出好几幅画，赚上那么好几万，也有可能他好几个月都毫无收入，穷困潦倒。

老一辈对搞艺术的人戴着有色眼镜的原因归根结底还是他们收入的不稳定性，可是让姨妈执着的是画家骨子里的浪漫情怀。

画家是个丁克，他的梦想是终身奉献艺术事业，他不愿意拥有一个孩子，成为他人生的牵绊。

姨妈想了很久，最终决定放弃做母亲的权利。对于她来说，她想要的是一段爱情、一段婚姻，和传宗接代没有任何关系。

两个人顶住了所有的压力，没有留下一儿半女。

三十年，他们互相帮助，互相扶持，相敬如宾，没有闹过任何大的矛盾，从年轻时候的轰轰烈烈，到年长时候的细水长流，他们都不曾因为没有孩子这一点彼此疏远。

孩子不是维系婚姻的唯一标准，但心却是。

两颗紧挨着的心不论相距多远最终都会相遇，分崩离析的灵魂即便有血浓于水的亲情来维系终究也不过是貌合神离。

孩子不应该是爱情的羁绊，也不应该是婚姻的坟墓。

如果两个人目标一致，愿意共同繁衍后代，那么孩子就是婚姻的高锰酸钾。

如果两个人做好决定，一生中只有彼此，没必要留下一儿半女，那就坚定两颗心，让彼此成为对方唯一的依靠。

孩子不是理由，不是说辞，更不是用来维系表面和谐的工具。

04.
一个合适的婚姻伴侣，首先是一个合适的性伴侣

在国内，两性话题一向都是大众羞于拿到台面上来说的话题。

家长和学校对于孩子的两性教育也非常稀少，以至于步入青春期的男女在这方面的认知几乎是空白。

我们总说，找对象要找一个合适的soulmate，一个灵魂有共鸣的精神伴侣，往往忽视了一件事，两个人在成为婚姻伴侣的同时，也就意味着他们成为合法的性伴侣，因此，一个合适的婚姻伴侣，首先是一个合适的性伴侣。

现在有一种很流行的说法叫作“婚前试爱”。

两个人在决定要走进婚姻殿堂、共度余生之前，可以先尝试进行一段时间的“试婚”生活。两个人居住在一起，磨合彼此的生活习惯，融合彼此的灵魂，同时，也要完成两个人的身体和谐。

小咪的婚后生活并不幸福，很大程度上就是因为她没有意识到磨合生活的重要性。

小咪出生在一个非常传统的家庭里，父母是双职工，从小给小咪的教育都非常古板，导致小咪的婚恋观也很传统，一直都是顺从家里的安排去相亲。

相亲的好处是双方都知根知底，但是要从相亲的人身上找到什么灵魂的共鸣，概率微乎其微。她的每一场恋爱、每一个男朋友都像是在例行公事，她遵循父母给她的意见，如果父母觉得这个男人好，那么她就去和这个人相处。

她每天都像是机器人一样去回复那些相亲男发来的信息，每一个字都要深思熟虑一番，要说感情，小咪真的不知道这样的交谈怎么可能会产生感情。

小咪最后确定下来的相亲男叫阿博，是个牙医，有一口洁白的牙，笑起来的时候很温柔。

小咪并不喜欢那个牙医，准确来说，相亲的男人她大多都没有喜欢过，唯独这个牙医让她觉得勉强还能接受。

小咪的父母对牙医非常满意，一个工作稳定、脾气又好、品行端正的男人最讨老一辈人的欢心了。

小咪听从了父母的意见，准备和牙医结婚。

两个人并没有订婚，都老大不小的年纪了，再浪费时间精力金钱去订婚没有什么必要，所以就直接准备了酒席，领了个证就完事了。

小咪不知道，这就是她噩梦的开始。

小咪从小接受的教育都非常传统，父母对于夫妻之间的知识几乎没有教给小咪，她对夫妻生活这一块的了解是空白。

之前，小咪并没有和牙医“婚前试爱”，导致小咪一窍不通，对这方面也兴致寡淡，也影响了牙医的心情。

小咪越紧张，牙医就越没有兴致，导致每一次两人的共枕眠都非常糟糕。

于是两个人的关系就陷入了恶性循环。

夜晚的情绪很容易被带到白天，不和谐的体验让两个人的心情都很焦虑，小咪看到牙医，越来越恐惧害怕，直到有一次，牙医忍受不了了，他冷冷地问她：“我是要杀了你吗？你每一次都是这样的表情。”

小咪知道这样不对，可是她就是控制不住自己紧张的情绪。她越是想要表现得从容镇定，就越是紧张，久而久之，小咪和牙医的夫妻生活变得极不和谐。

小咪想了很多办法，但是都不奏效。

她知道这是她心理上的问题，但是如果要找心理医生咨询的话，向一个陌生人说这种私密的话题，她实在是难以启齿。

就这样，一拖再拖，情况越发糟糕。

两个人回到家之后很少有什么沟通交流，牙医也不再主动去提夫妻间本该发生的事，小咪也不敢说，大概一年之后，牙医开始夜不归宿。

电话不接、信息不回，小咪只能跑到牙医的单位去找他，结果牙医对她的态度很冷淡，她像个孩子似的在医院里哭了起来。

牙医骂她：“你要哭滚回家哭，不要在这里丢人现眼。”

后来小咪知道了，牙医和单位的一个女护士搞在了一起。没有人会多事地告诉小咪这件事，是小咪不甘心，有一次进他办公室撞见了两个人在亲热。

她决定离婚，牙医倒是不反对，但是小咪的父母知道了这件事后，狠狠地把女儿骂了一顿，然后买了水果就往牙医的父母家赶。

小咪的父母满脸堆着笑说自己女儿不懂事，小两口吵架很正常，没那么严重。

牙医心里有愧，没吭声，倒是小咪自己开口了：“爸妈，你们不要强求了，让我们离婚吧。”

小咪的父母气急败坏：“离什么婚？离了婚，你上哪儿去找这么好的男人？”

小咪又气又急地哭了起来，父母见小咪这样都愣住了，小咪说：“爸妈，你们放过我吧，和他继续过下去我们也不会幸福的，你们就成全我们吧……”

“可是你们离婚总得有个理由吧？你们的理由是什么？”

理由是什么？小咪说不出口。

她没办法告诉自己的父母，是因为他们之间的性生活不和谐，所以才让牙医出轨，所以他们才不得已要离婚。

这样羞耻的理由，小咪实在是说不出口。

这样的理由说出口贻笑大方。

牙医说："是我出轨了，所以小咪才决定跟我分手。"

小咪的父母不知道实情，听闻牙医这么说，气得跳脚，两家人闹得非常难看。

和牙医签离婚协议的那一天，小咪向牙医道歉："对不起，走到这一步还要让你背个黑锅。"

"不是黑锅，是确实存在的，我并没有撒谎。"

小咪道："但是你的出轨是因为我……"

"你没错，错的是我。"牙医签了离婚协议，走之前对小咪说，"你没有任何过错，在这场婚姻里，有错的人是我，我只是实在接受不了我们两个人这样不和谐的夫妻生活，这让我非常痛苦，也希望你能理解我。"

小咪理解。

倘若小咪不理解，她也不可能和牙医离婚。

她以往所想的那些关于男人的标准在此时此刻都显得苍白无力——颜值、学历、内涵……最终都比不上一个合适的身体。

成为婚姻伴侣的同时，意味着两个人必然会成为合法的性伴侣。如果这样的生活不能和谐，那么两个人的感情一定无法长远。

有个专门从事两性方面研究的同学有一次在群里发了个链接：在国内，有超过一半的离婚或是出轨案例都是因为夫妻两个人的性生活不够和谐。

可见在婚姻里，两个人的夫妻生活和谐至关重要。

我有个在国外工作的朋友，她嫁给了当地的一个黑人。

国外的观念比较开放，朋友在国外待了十多年，也彻底融入当地的环境中，在嫁给那个黑人之前，她也有过两段跨国恋情。

第一段恋情也是个黑人，他们在决定结婚之前有长达半年时间的“婚前试爱”去互相磨合，但是半年的时间过去了，两个人的身体契合度依旧很糟糕，于是双方很快就达成了共识，分手。

第二段恋情是个白人。那时候朋友已经老大不小了，家里人催促她赶紧找个人定下来结婚，但不论家里如何施加压力，朋友都要求一定要给她一段时间，她不能在结婚后发现两个人不合适，她一定要试婚。

试婚的结果和第一段恋情差不多，国家差异让两个人的性生活极不和谐，即便那个白人的条件再好，朋友都知道，这一段感情一定是无法维系很久的，她不愿意明明知道不合适还非要结婚，等到婚后再分开，这对于谁来说都是一种伤害。

后来朋友遇到了现在的丈夫。

朋友的原则就是，结婚之前一定要试婚。但试婚是以结婚为前提的生活，并非人们口中的“不以结婚为目的的谈恋爱都是耍流氓”。

要知道，任何东西要试了之后才知道合不合适，人也如此。

不同的两个人，就算是再心心相印，也总要尝试生活一段时间才知道对方是不是适合自己，如果不合适的两个人没有经历过任何磨合就在一起，那么最后，不和谐的夫妻生活一定会让这段本以为会圆满的感情分崩离析。

在和现在的丈夫试婚的时间里，虽然也有一些小的摩擦，但是都能在平时的生活中无声无息地磨合，最关键的是，她和他的身体契合度远比之前的两个要好得多。

性是维系两个人感情的必需品。

如果必需品从一开始就无法就位，那么这段感情注定会在半路搁浅。

一个合适的婚姻伴侣，首先得是一个合适的性伴侣。

在成年人的世界，没有任何话题不可以放到台面上来说，要知道在一场婚姻里，夫妻生活占的比重远比其他因素要大很多。

两个人在相处的过程中，除了性格和脾气的磨合，除了学会互相包容和理解，更要去磨合两个人的身体，和谐的夫妻生活是婚姻关系至关重要的催化剂。

去寻找灵魂，也要去契合身体。

两者缺一不可。

05.

孝顺不仅仅是对自己的父母

不论男女，很多人的择偶标准上都清楚明确地写着这么一条：希望对方孝顺父母。

在中国的诸多优良品德中，百善孝为先。

按理说，这样的要求三观很正，一个不孝顺的人，不论男女，都不可能成为一个好的伴侣，但问题在于，这个“父母”前面是缺少前缀的。

我曾经在一个单身交友群里看到这样一条征婚启事。

男生29岁，在一家外企上班，月薪8000元。他希望女孩一定要孝顺，因为他说自己也是一个很孝顺的人，他不能接受自己的另一半对父母不够好。

有好心人想要牵线搭桥，就在群里跟男生多聊了几句。

男生的家里还有一个姐姐，姐姐30多岁，已经嫁人生子了，男生的父母年纪大了，之前帮姐姐带过孩子，现在老两口都六十好几了，也干不动活儿了，所以男生希望女方能够孝顺他的父母。

这个话看起来说得没有任何问题，但再往下的说法，就经不起推敲了。

他说："我希望女孩能够孝顺我的父母，因为我自己的父母年纪大了，我实在不能让他们再辛苦了，所以我想结婚之后，女方的父母能够来带孩子，毕竟我父母的年岁摆在这里了，他们肯定是带不动孩子的。"

之前一直想要张罗好事的热心人没说话，突然有人在群里说了一句："你的父母需要孝顺，女方的父母就不需要孝顺吗？你要求女方对你的父母好，那你有没有想过，自己对女方的父母好不好呢？"

男生辩驳了几句，最终退出了群聊。

理亏的人哑口无言，明眼人都知道，他所谓的"孝顺"，只不过是披了张假面的"自私"。

他的父母年事已高，带不动孩子，他心疼体谅自己的父母，那么女方的父母就应该承担起本该两个家庭共同承担的义务吗？他要求女孩儿孝顺自己的父母，可女孩儿本身也有父母，她去体恤男方的父母，那谁来关心和照顾她的父母？

要知道，孝顺，不仅仅是对自己的父母。

陈姗姗辞职之前在一家服装公司做进出口贸易，这年头做外贸这一行的待遇都挺可观，况且像陈姗姗这种外形好气质又很棒的女人，在生意场上更是混得开，老板很看重她，总是把一些油水多的肥差扔给她做。

可是陈姗姗还是辞职了，她决定回去做个全职太太。

她老公叫张呈，在浙江那边经营一家小旅馆，现在的生意不好做，旅游业更是不景气，小旅馆的生意做不过大的酒店，也敌不过一些当地的风土人情，生意很一般，赚的钱每年算下来还不如陈姗姗的工资。

陈姗姗和张呈有两个孩子，是一对龙凤胎。

陈姗姗工作忙，刚坐完月子没多久，就又回到工作岗位上去了，做销售这一行的，应酬更是应接不暇，常常弄得深更半夜才回家，丈夫在浙江，平均两个礼拜才回来一次，平时孩子的日常起居都是请保姆来照顾。

张呈总说："你也不能什么事情都丢给保姆去做，保姆毕竟是个外人，现在保姆拐走孩子的案例很多，你经常不在家照顾孩子，哪有女人像你这样子的。"

陈姗姗心里不痛快，对他说："我也不想什么事情都丢给保姆去做，但是我妈最近刚出院，身体很不好，要不然让你父母来带孩子？"

"不行。"张呈拒绝得很彻底，"我爸妈都这么一大把年纪了，怎么带孩子？而且还是两个孩子。"

"那你说怎么办？我爸妈现在这个状态总不可能来带孩子吧？"

"你辞职呗。"张呈这话说得心安理得，"你辞职回来带孩子，不就什么事情都解决了吗？"

陈姗姗因为这件事和张呈协商了好多次，也吵过两次，最终陈姗姗在事业和家庭中间还是选择了家庭，辞去了这份她引以为傲的工作。

离开工作岗位的陈姗姗变成了一位同样非常优秀的全职太太，两个孩子并没有让她手忙脚乱，家里的一切都被她打理得井井有条。

事情的转折出现在不久之后，张呈的父母搬进了两个人的婚房里。

张呈的父母原本住在乡下，但是乡下的房子被列入政府的建设规划里，要拆迁，于是老两口就搬到市里来住。张呈的父母几十年都住在乡下，不能完全适应这里的生活，再加上张呈的父亲有老寒腿，儿子不在身边，一切都是陈姗姗操办。

又要带孩子，又要照顾公婆，丈夫还经常不在身边，陈姗姗觉得辞职之后的生活简直一团糟。

陈姗姗的母亲出院之后，也需要人照顾，好在陈姗姗还有一个哥哥，照顾自己父母的担子不至于这么重，可两个孩子和公婆两个老人已经足够让她心力交瘁了。

终于，陈姗姗扛不住了，她如同沉默许久的火山一般爆发了。

那天周末，张呈刚从工作的地方回来，陈珊珊就跟他摊牌了。

“我现在给你两个解决方案：第一，你想办法回本地来工作；第二，你让你父母暂时先不要住在这里了。”

张呈一听这话，顿时不悦，“你这话什么意思？你是不愿意照顾我父母了？”

“不是我不愿意照顾你父母，我一个人，要照顾四个人，你觉得我的精力和时间够用吗？”

“我父母就在家里吃个饭，睡个觉，需要你照顾什么？”

“我要洗衣服吧？我要做饭吧？我还要照顾儿子和女儿吧？孩子现在这么小，根本就离不开人，我是有三头六臂吗？能做这么多事？！”

陈姗姗后来告诉我们，她那段时间的生活如坠地狱，她从来都没有感觉到生活原来可以这么痛苦、这么黑暗。

最关键的是，张呈认为陈姗姗做这么多都是理所应当的。

那天张呈和陈姗姗吵得很厉害，吵到好几个邻居都上门规劝。陈姗姗近乎崩溃，带着两个孩子就想走，却被张呈冷冰冰地骂了一句：“没良心。”

“我这还叫没良心？”

“我一直以为你是一个很孝顺的女孩，我当初和你结婚也就是因为看中了你孝顺，对我爸妈好，但是我没有想到，原来你骨子里竟然这么自私。你不愿意照顾我爸妈就算了，找那么多冠冕堂皇的借口干什么？”

陈珊珊说，那天她气得甩了张呈一个大耳刮子。

她声嘶力竭地喊：“我把我所有的时间都用来照顾你爸

妈，孝顺你爸妈，是因为我牺牲了我去照顾我父母的时间！难道我的父母不应该被照顾吗？你说你孝顺你的父母，可是你为你的父母做过什么？你又为我的父母做过什么？！你的孝顺就只是站在那边要求我为你父母做这做那，你什么时候也来孝顺一下我的父母，尽到一个做女婿的应当尽的义务？！”

那是陈姗姗和张呈结婚之后吵得最厉害的一次。

这一吵，就再也和不了了。

陈姗姗一再强调说：“那不是真的孝顺，那是伪善。”

真正的孝顺不是只对自己的父母，不是只挂在嘴上，不是要求别人对你的父母多好多好，而是你从自身做起，为自己的父母去做一些力所能及的事情，同时，也对自己身边的长辈多一些关怀和照料。

嘴上的空话谁都会说，身体力行的却很少。

之前有个眼光很挑剔的女性朋友突然就结婚了。

这个朋友由于自己的条件非常优秀，对男生各方面的要求也都非常的严苛，结果有一次我们聚会，朋友把自己的老公也带了出来，我们都觉得惊奇。

在饭桌上，通过朋友的描述和他自己的言谈举止，我们并没有get到朋友选择他的点。

后来朋友告诉我们：“选择他并没有什么特别的原因，你知道的，我这个人对孝顺这一点看得非常重，我遇到的大多数男人能做到对自己的父母孝顺，却很少能做到对我的父母也很好。他说的话不多，但是他付出的行动不少。之前我父母生病那阵子，我和他还没有到谈婚论嫁的时候，他就天天去医院陪我妈，给我妈熬粥，陪她唠嗑、散步，当时我妈就告诉我了，这一定是个值得托付的小伙子。”

对自己的家人好并不难，但对别人的家人也好，这并不是一件容易做到的事。

“你要知道，一个孝顺的男人，他的人品不会差到哪里去的，尤其是一个对别人的父母也很孝顺的男人。很多东西是可以装出来的，唯独这件事装不出来。在和我结婚之前，对我好，对我父母好，我有什么理由去拒绝这样一个男人呢？”

朋友说的话很中肯，看的东西也很透彻。

孝顺自己的父母是本分，孝顺另一半的父母是人品。

当然，在此之前，我们也要先学会去孝顺另一半的父母，任何事情向来都是相互的。

第五章

再合适的爱情，也需要用心经营

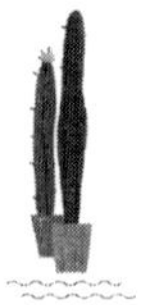

01.
女孩子适当地“作”一点很有必要

几乎所有男生都对这种女生产生同一种抗拒——那就是作天作地作空气的女生。

用男生们的话说，那就是：“你完全不知道在什么场合什么时间她就会突然爹毛，而且她们爹毛的点往往都很奇怪，脑回路无比清奇，你根本就预料不到。”

很多年前有一款小游戏很风靡——是男人就下一百层。

男生们“友善”地把这群作天作地作空气的女生类比成这款游戏，因为不论你如何闪躲，如何小心翼翼，最终也一定会被钉子扎得体无完肤。

女人作就这么可怕、这么可恶吗?

当然不是。

任何事情都有一个难以捕捉的度，在这个度里，所有的负面表现都会成为一种可爱和善意。一旦超过了这个度，再美好的东西都会变成穷凶极恶的面孔。

作天作地作空气，这种自然是要不得的，不过女孩子适当地“作”一点很有必要。

那是爱，是暖，是床笫间的巧笑倩兮。

沈芙是个LO娘。

所谓LO娘，就是日常生活中喜欢穿一些Lolita（洛丽塔）风格的衣服，常常是大裙摆、厚蕾丝、白丝袜、圆头鞋。

洛丽塔的受众群体并不是很广，尤其是在带着择偶目的的男性群体中，并不是很受欢迎。大部分男生会觉得这部分女孩子有着很奇怪的癖好，再者，在大庭广众之下穿这种奇装异服，路人奇奇怪怪的眼光也让人欢喜不起来。

更重要的是，男生们通常觉得这部分女孩喜欢装可爱，很难搞定，性情脾气都很古怪，很难讨好。这样的女生通常都非常作，和这样的女生在一起，简直是在给自己找罪受。

沈芙作吗？

沈芙听到这个问题，笑起来说："难道女生还有不作的吗？遇到喜欢的人谁还不想作一把？要是一点都不作的话，是对这个男生一点都没有什么想撒娇的冲动吧！都不想跟这个男生撒娇的话，那肯定是不喜欢啦！"

于是沈芙一定是作的。

那么沈芙是怎么作的？

我听说过沈芙的男朋友，他是个大学里的数学老师。

一个有着严密逻辑思维的男人被一个萌萌哒的LO娘吸引了，并不是一件很奇怪的事。每个人都喜欢去探索和自己的领域完全不重叠的地方，谈恋爱也不例外。

沈芙是一个与众不同的LO娘。

她身上的那些洛丽塔的裙子，不会很夸张，大部分都是改良过的，她甚至会自己去设计一些很适合日常穿的裙子，再拿到店里去定制，因此沈芙走在路上虽然回头率极高，但绝不是因为她的奇装异服，而是因为她的穿搭实在是让人嫌弃不起来。

陷入洛丽塔世界的沈芙给自己的衣服进行了分类，在不同的场合和不同的地点，沈芙会选择不同的装扮，不会让人觉得突兀，给人留下的印象大多都是："哇，好可爱啊！"

沈芙喜欢撒娇。

她穿着萝莉装拉着数学老师的手，就像是一只摇尾巴腻腻歪歪的小猫，蜷缩着身子缓缓靠近，使他卸下所有的戒备。

沈芙也很会作——但是她的作不是毫无道理毫无根据的。

换句话说，沈芙是讲道理地作。

天不怕地不怕，男人就怕讲道理又作的女孩子。

比如说，沈芙想去看鹿晗的演唱会，让数学老师作陪，可鹿晗的演唱会对于数学老师来说实在是毫无吸引力，有听演唱会的时间，数学老师宁愿多去推几个公式。

在看演唱会这种事情上，数学老师的态度很坚决——我可以给你买票，可以送你去，可以等你听完，但是我绝对不会听。

"你知道王境泽吗？"沈芙问男朋友。

网络上“真香”系列的鼻祖，数学老师当然是略知一二的。

于是沈芙说，他一定也会说“真香”。

为了让男朋友陪自己去听演唱会，沈芙也算是下了不少功夫。从平时细致入微的事情着手，沈芙找了一桩桩一件件数学老师做得不好的地方，写下了诉状，梨花带雨般撒娇。

这一桩桩一件件，虽然歪曲了些许事实，不过总归还是在理，这下数学老师觉得自己理亏，内心已经油然而生愧疚感。再加上沈芙的小脾气，爱吃肉的姑娘突然变得不爱吃肉了，以前每天都开开心心嘻嘻哈哈的姑娘突然就没那么多笑声了，数学老师知道，这下自己心爱的姑娘是真的不开心了。

这种小作小脾气让数学老师又心疼又羞愧，最后沈芙还是收到了对方缴械投降的求和书，两人欢欢喜喜地跑去听演唱会。

没两天，沈芙看上了一只橘猫，数学老师不喜欢这种毛茸茸的东西，结果沈芙小作一下，惹得男朋友只能求饶。

关键是，沈芙的小作不仅能用在日常生活中，还能将LO娘诱惑用在床笫之间。

这对于男人来说，可是致命的毒药。

数学老师知道，自己这辈子怕是逃不出沈芙的手掌心了。

反观阿曼，与沈芙就是截然相反的两种状态。

阿曼作为新世纪的独立女性，工作能力极强，自己开了一家婚庆公司，年入百万。因为自己出色的工作能力，阿曼为人比较傲慢，说话也不太圆滑。

当老板的人充分知道首先树立自己完全独立的形象——阿曼留着中性的短发，每天都穿着OL风格十足的套装，说话的时候语气非常强硬，丝毫不给下属员工留情面，所以阿曼的名声并不那么好听。

后来阿曼交了一个男朋友。

两个人是因为业务上的往来渐渐地走到了一起。

阿曼这个人对自己的要求很高，她时刻谨记自己是一家公司的老板，她手下有员工，她的一言一行别人都看在眼里。

阿曼的男朋友阿朝总是来公司里给她送温暖，公司里的员工们比较八卦，都喜欢凑过脑袋、伸长脖子看，大家都很好奇铁面无私的老板在谈恋爱的时候是个什么样的状态。

结果让大家大失所望，没想到老板不论在什么时候都是这副样子，即便面前站着的是自己的男朋友，她依旧一副高高在上的模样，就像是在和自己的下属说话。

阿曼当然是不会撒娇的。

她觉得撒娇的女人都是毫无能力的弱者，她走到今天这个位置，一步一步地爬到高位，就是为了成为强者，没有理由因为一个男朋友就卖嗲，更没有理由因为一场恋爱就摧毁自己长期塑造的女强人的形象。

阿朝说，和阿曼谈恋爱太累了。

他觉得自己不像是交了个女朋友，而是像供了个女王陛下。

他很羡慕别人的女朋友会撒娇，会卖萌，会对她们的男朋友有所要求，会希望男朋友给自己买买买。可是这种情况在阿曼身上是从来都没有出现过的。

阿曼从不撒娇，从不卖萌，她的短发和套装散发出的气质没办法支持她这样做。

阿曼也不要求阿朝给自己买买买，因为她自己有钱，她的经济非常独立，即便是两个人出去吃饭，阿曼也不愿意多花阿朝一分钱。

和阿曼持续了将近一年的恋爱关系，阿朝觉得自己像是一个可有可无的随从，有他和没有他，对于阿曼来说都不会有什么影响。

终于，阿朝忍不住了，他去找阿曼，说："难道你就不能跟别的女孩子一样吗？我是你男朋友，你可以对我撒娇，可以对我示弱，你在别人面前不能做的所有的事情都能在我面前做，没关系的，真的。"

阿曼摇头道："你不觉得那些女人都很作吗？为什么要撒娇？为什么要示弱？为什么很多事情不自己去做？就像一些女生，难道她们连自己拧开矿泉水瓶盖的力气都没有吗？又不是手指上抹了油，为什么非要去依赖别人？"

"阿曼，这不是依赖，这是恋爱。恋爱就是把一个人做的事情变成两个人一起做。女人作一点没什么不好啊，一点都不作的女人才是魔鬼吧？”

“我就是学不会作，”阿曼失去了所有的耐心，“你就当我是魔鬼吧。”

随后阿曼和阿朝分手了。

究其原因多么可笑和荒谬，只是因为阿曼不撒娇、不卖萌、不作。

阿朝有一句话我很赞同：

“恋爱就是把一个人做的事情变成两个人一起做。”

如果一个女生独立到可以完全漠视男朋友的存在，那么这场恋爱还有什么意义？

适当的作是一种需要。

是告诉对方，我需要你，我离不开你。

只要不是毫无理由地拿一些莫名其妙的小事找碴儿，任何在可接受限度中的作都是爱情的催化剂。

男人没有办法抵抗柔软的身体和温暖的灵魂。

一点都不会作的女人给人的感觉无疑是一块冷冰冰的石头，男人感受不到自己被需要，感受不到自己被热爱，那么这样的爱情对于男人来说，无疑是把他钉在了耻辱柱上。

所以啊，女孩要学会让男人为你遮风挡雨、披荆斩棘，不要过分独立和冷漠，也不要作出银河系，只要在合理区间内有理由地去作，男人都会理解，都会包容，都会宠爱，都会上瘾。

小作怡情，大作伤人。

女孩适当地作一点，那是爱，是暖，是床笫间的高锰酸钾。

02.
争吵是一种优质的磨合

“姐，我女朋友又跟我吵架了。我这次又要怎么办……”

我有个小我六岁的弟弟，一遇到自己摆平不了的情感问题，就灰溜溜地跑来问我。

我耐着性子安慰他：“你要知道，护士的压力很大的，而且在医院里很忙，护士这一行也算是服务行业，都是要看别人脸色的，你就让她下班了给你甩甩脸子还不行吗？”

弟弟委屈得简直想哭。

弟弟的小女朋友是个护士，弟弟是个特别会宠女孩的男生，只要他喜欢那个女孩，就算遭受再大的白眼在他的眼里也都不算个事。

我总是告诉他，不吵架的情侣一定是出了问题的。

当两个人全身心地只爱对方，优点和缺点都将被无限放大，当一方付出很多去爱另一方的时候，往往希望得到同等的回报，如果这个回报不对等，或者在付出的过程中，一方感受到了强烈的不被关注，那么所有的问题都会接踵而至。

相爱的人是没办法不吵架的。

情侣之间发生口角是再正常不过的了，换句话说，这种争吵并不是一种伤害，而是一种优质的磨合。

大琳和猴子订婚之前，三天一小吵，五天一大吵。

他们的热恋期来得快，去得也快。

两个人认识了没几天就确定了男女朋友的关系，在一个月的时候，别的男女才刚开始牵牵手看电影，大琳和猴子就已经进入了争吵模式。

两人刚谈恋爱一个月，我们几个朋友组织了一场聚会，那时候大琳在开发区的一家旅游公司工作，住在公司的宿舍里，我去宿舍找她，结果在宿舍里，大琳和猴子前一秒钟还在煲电话粥，后一秒钟语音断了，大琳的眼睛都红了。

“他怎么可以用这种语气跟我说话？如果他喜欢我，如果他在乎我的感受，他还会用这种语气跟我说话吗？”恋爱期的女人，咬文嚼字得厉害，每一个语气每一个神态都能大做文章。

猴子说，这就叫没事找事做。

结果那天，猴子买了一大堆东西过来赔礼道歉，认错认得感天动地，这才让大琳消了火气，从那之后，猴子开始渐渐注意自己说话的语气和态度。

猴子是跑业务的，做这一行的人总是要低声下气地和客户打交道，在外面好声好气惯了，遇到亲近的人，免不得想要改变一下，这样的改变一旦没有掌握好度，瞬间就翻车。

印象中大琳和猴子还有一次吵架吵得很厉害。

那时候我们一群人在外面吃火锅，由于大琳的身材比较胖，个子又比较矮，猴子经常拿这一点开玩笑，说得多了，大琳就上心了。

那天在饭桌上，我们大家都在大快朵颐，去火锅店不吃肉，那和咸鱼有什么区别？

大琳的筷子自然而然地也伸了过来。

然后猴子半开玩笑地说了一句："你说说你，都胖成什么样子了，还吃！"

大琳的筷子往回缩了一下，我们几个笑着说："没事的，吃两块肉又不会胖。"

大琳本来并没有介怀，可是猴子又开始阴阳怪气地补刀："有些人哦，信誓旦旦地说今年要减30斤，我看这个趋势是没戏啦！你说说你，不想减肥就不要立flag嘛，立出来又不实现，真的是……"

我们都看出来大琳的脸色不好看。

果不其然，她放下筷子，说："我是胖是瘦对于你来说就这么重要吗？"

"不是你自己说的吗？要减肥穿婚纱啊！"

"那我不穿婚纱了行不行？"大琳突然"哇"的一声哭了出来，"我不跟你结婚了行不行？"

场面一度炸开了锅，大琳哭得恨不得要窒息，我拍了拍大琳的肩膀，安慰说："好了，猴子说这话也就是开开玩笑，你不要太放在心上了，他那张破嘴巴啊，你又不是不知道。"

"就是因为知道所以才一直忍着啊！可是开玩笑总得有个限度吧？我一直忍，他一直拿我胖这一点来开玩笑，他不知道这是我最不喜欢别人提的点吗？"

猴子显然有些手足无措。

猴子就是这个样子，我们都知道，他的心肠很好，平常喜欢开一些玩笑，但是玩笑开得往往很难掌握尺度，一不小心就把被开玩笑的对象惹生气了。

猴子一定不会真的嫌弃大琳胖，否则两个人也不会在一起这么长时间感情依旧很好。

我对大琳说："既然你知道是开玩笑，就没必要当真了呀。"

她一边哭一边说："我是不想当真，可是他在什么地方都这样说，不管对象是谁，他都喜欢开这种我一点都不喜欢的玩笑，而且大庭广众的，他有没有考虑过我的感受啊！我是个女孩子啊，我也很要面子啊！"

大琳哭得非常伤心，猴子一时间就慌了。

在我的印象里，大琳是个积极外向的女孩，在公众场合，她都会保持自己良好的形象，所以今天这样的爆发，在这么多人的面前，一定是她的情绪到达了失控的极点，这足以说明猴子这样的举动给大琳带来了多大的困扰。

那天猴子都没有再说话。

他也没有再吃什么东西，只是默默地坐在大琳的身边，一句话也不敢说。

那一次争吵以猴子的缄默收场，我认识大琳这么多年，从来都没有见她这样失控过，我明白，猴子一定是戳到了她的痛处。

大琳有多喜欢猴子，那天的大琳就有多生气、多失望。

诸如此类的吵架还有好多，但奇怪的是，不论他们俩怎么吵、怎么闹，两个人感情都没有出现过大的危机，更没有提过分手的话题。

大琳后来告诉我们说："虽然我和猴子总是吵架，但是我们每一次吵完架之后彼此都会冷静一段时间去考虑为什么会出现这样的争吵。与其说是争吵，不如说我们是在磨合。每一次吵完架，我们都会反思，找出问题，解决问题，改变自己，包容对方。"

争吵的意义本就该如此。

争吵不是为了让感情走向灭亡，而是让关系越来越好。

只有当两个人争吵过之后，才会去想造成这次争吵的主要原因是什么。如果还要接着去经营这段感情，怎样才能避免类似的争吵出现？唯一的方法就是现在就从自己的身上入手，去改变自己，去变得更加宽容，去学会理解彼此和珍惜彼此。

没有争吵的感情注定是不完整的。

只有当问题以某种形式暴露出来，才会被察觉，只有察觉到问题，才能及时解决问题。那些一丁点争吵都不曾有的感情往往走不长远，一旦让问题在感情深处生根发芽，到最终，感情的大树就会连根枯萎，以至彻底死亡。

我有一对朋友，他们在一起的这段时间里从来没有过争吵。

他们在一起的状态就像是结婚很多年的夫妻，他们似乎对彼此非常熟悉，但似乎又对彼此一无所知。

女生在一家诊所工作，男生则是一个酒吧的调酒师。两个人平时的作息时间完全相反，但出乎意料的是，两个人从来没有因为聚少离多而吵架。

他们的爱情像是涓涓细流，很安静，毫无波澜。

他们就是最正常最普通的情侣，他们利用两个人都有空闲的时间一起去吃饭，一起去看电影，从来不翻看彼此的手机，也从来不去怀疑对方的生活。

直到有一天女生知道，男生其实还有一个女朋友。

所有的一切都发生在不知不觉当中，如果不是被女生刚巧撞见了，兴许这个秘密会一辈子被锁在密码箱里，没有人知道。

男生和女生已经准备结婚了，他们甚至决定过几天选个黄道吉日就一起去民政局领证。两个人在一起一年的时间，从来都没有吵过架，大家都觉得两个人的关系稳定，是应该走进婚姻的殿堂了。

但你要知道，事物的变质从来就不是敲锣打鼓、满城皆知的。

一切的变化在不经意间缓缓地发生，问题在蔓延，可是谁都没有发现。

男生从来都没有喜欢过女生，和这个女生保持稳定的恋爱关系，不过是因为她是一个适合结婚的对象。他需要一段看似稳定的婚姻来维持自己良好的形象，然后去开辟自己无数的第二春。

他们没有争吵，就没有磨合，没有磨合，就没有经历。没有经历过一些事情，怎么样才能在发生的事情中去看透一个人的品格？没有一起经历过的感情，注定是走不长远的。

不要害怕争吵，一段爱情需要一些争吵来完成磨合，只有在争吵之后，问题暴露出来，才能确保这段感情的内部是干净和清爽的。

里面烂掉的果子，虽然看上去外表无比光鲜，却难以下咽，唯有丢弃。

03.
学会向你的另一半真诚道歉

“对不起。”

我们总是习惯性地向陌生人重复这三个字，却羞于对亲近的人说出这句话。

不久前我在公众号上发起了一个投票——你向你的男朋友/女朋友真诚地道过歉吗？有百之分八十的回答都是：没有。

为什么会出现这样的情况？有个读者在微信公众号给我留言说：被爱的人不需要道歉。

这是一句歌词，被很多年轻的男男女女拿来通用，被爱者有恃无恐，根本就没有理由说一句“对不起”。

可这样的观念是对的吗？

小青是我在饭圈的一个朋友，我们都喜欢一个明星，且恰好我们在一个城市，除了平时一起在微博或是其他平台给偶像打call之外，我们也经常会在线下聚会。

从我认识小青以来，她一共换了六七份工作。因为她太好说话了，不论是领导还是同事，多余的事情、自己不愿意做的事情统统都丢给了她这个新人，小青每天都在重复说着“没关系”和“对不起”。

领导给她穿小鞋，她不为自己据理力争，因为不愿意得罪领导，所以向领导道歉。

同事把很多本是自己分内的事情都丢给她做，她是一个新人，不想和同事闹得不开心，所以她面上欣然接受一切多余的工作，经常加班到八九点钟才回家。

她在每一个公司都会遭受这样的待遇，因为小青太软了，她的性格比较懦弱，她把“好说话”三个字摆在了脸上，就因为她挂在嘴边的“对不起”。

可爱情里的小青和工作里的她却判若两人。

她有一个在计量所工作的男朋友，叫萧炎。萧炎生活在一个离异家庭，跟母亲住，父亲有了新的家庭，从萧炎懂事以来，亲生父亲就没有管过她，唯一提醒他还有个父亲的就是每个月例行公事、雷打不动的2500块钱生活费。

由于家庭的关系，萧炎对爱情和婚姻的观念和普通人不一样，在爱情里，他更像是一个害怕失去的胆小鬼，他患得患失，像是个孩子。

萧炎在爱情里的状态就像是小青在工作上的状态，而小青在爱情里的模样却和萧炎在工作上的模样相似。

在工作上，萧炎非常的精明能干，他负责计量所的一间实验室，很有思想，也很有目标，经常能通过个人突出的表现为团队赢得荣誉。小青在爱情里也是这个样子，她很有思想，很有主见，她认为自己在爱情里的表现不会出错，至少萧炎对她的好给了她这样的认知。

这并不是一个好的认知。

因为这样的认知让小青有一种优于常人的自我评价，换句话说，就是自我感觉良好。

她认为自己在一段感情中就应该是主宰一切的救世主，她是被爱的那一方，被爱的人说什么都是对的，被爱的人地位就应该高于付出的那一方。

在这段感情里，萧炎易受伤，又无比疲惫。

小青生了一场重病，要做一场风险极高的手术，萧炎请了长假在医院为她鞍前马后，一直到小青顺利平安地出院，都任劳任怨，没有抱怨一句话。

所有人都说，萧炎对小青很好，当然小青自己也这么认为，可正是因为萧炎对她好，这种好才成了她肆意挥霍的资本。每一次争吵和口角，都是萧炎先缴械投降，他像是一个亡国之君，一寸一寸地把自己的土地无偿地贡献给小青。

基本上每一次的矛盾，都是因为小青这样那样的小问题，萧炎等不到小青的道歉，就又开始对她一如既往的好，乐此不疲。

可是后来，小青犯了一个大错。

蔡健雅有一句歌词这样写："得不到的就更加爱，太容易来的就不理睬。"

萧炎的爱和体谅太容易得到，小青才会一次又一次地伤害和践踏他的付出，不惜在和萧炎谈恋爱的时候，又疯狂地迷恋上了另外一个男人。

萧炎知道这件事之后，冷静了很长一段时间，最后，他决定去找小青。

"如果你知错，如果你能改，那我就当作什么都没有发生一样，我们还回到从前。"萧炎这样对小青说。

从道德的层面上说，小青一定知道自己是错的，但小青始终都没有开口认错。

她对萧炎说："我可以改，但我不觉得自己是错的。"

"这是背叛！如果这不算是错的，什么才是错的？"

"错就错在你爱我吧，我不会向你道歉。"

按照以往的惯例，没两天萧炎就又会不计前嫌地和小青重修旧好，可是这一次，小青等啊等，始终都没有能等到萧炎来哄她。

小青有点慌，想要去找萧炎，却发现自己的联系方式都被萧炎拉黑了。

她这才明白，这一次萧炎是决定彻底离开了。

小青和她迷恋的男人并没有更进一步，在萧炎和她聊过之后，小青就和那个男人断了联系，之所以事情会发展成后来的样子，不过是因为小青始终都不肯为自己的过错说一句“对不起”——即便她明明知道自己犯了错，即便她已经悬崖勒马，她都不愿意低下头，说一声抱歉。

萧炎把这一切都归于小青的不真诚。

他不恨小青，他只是攒够了失望离开，一切安静又和平。

小青提起这段故事的时候总是很懊丧，悔不当初，提起来觉得自己愚蠢又可笑。

没有谁的付出是应该的，做错了事道歉恳求对方原谅是理所当然的。

这跟你是被爱的那一方还是爱人的那一方并没有什么关系，如果你做错了事，即便是在爱情中，你也永远是被动的那一方，真诚地向对方道歉，才是解决问题的正确态度。

我有个两个朋友特别有意思。

女孩在一家广告公司做策划，总是有一些新奇的怪点子。男孩在一家五星级酒店做主管，总是能把所有的事情都处理得井井有条。

有一天两个人因为一件小事吵得不可开交，两个人都在气头上，谁都不愿意开口道歉，就这样冷战了好多天之后，女孩忍不住了，她给男生发了个娇滴滴的短信，说：“虽然这一次我也很生气，但是我还是要对你说对不起，因为跟面子比起来，还是你重要得多。”

男生看到这句话之后，顿时就没了脾气。

后来他们约法三章，两个人签订了一个和平协议。

协议的内容如下：

“由于人生有太多不确定因素，以后我们可能会有无数次莫名其妙的争吵，但这些争吵一定不能破坏我们之间的感情。所以，我们在这里向彼此郑重承诺——以后不论发生什么，不论因为什么原因发生怎样的争吵，犯错要道歉，道歉要真诚，如果对方真诚地道歉，就一定要包容和接受。保证人：×××。”

女孩把这件事告诉我的时候，有些不好意思地问我：“我这样是不是很幼稚？”

“我觉得很好啊！”我夸奖了她一番，说：“况且道歉本来就不是认输和失去尊严，说明你们珍惜这段感情，只有互相珍惜的人才懂得真诚道歉。”

所有的感情都是由心动开始，但每一段感情的持续都需要两个人用心地经营和照料。适当的争吵是一种磨合，争吵之后的真诚道歉是磨合的润滑剂。

我们总善于在日常生活中对不熟悉的人说“对不起”，去营造一个谦卑的形象，可在遇到心爱的人的时候，我们往往卸下了所有的伪装，不愿意去对亲密的人说一声“抱歉”。

前两天我参加一个前同事的婚礼，从校服到婚纱，两个人携手共度了15年的光阴，当有人问他们什么才是让两个人的感情永不变质的秘诀时，新郎说：“很简单，就是一句真诚的‘对不起’。”

新郎说，他们都很确定对方就是要携手共度一生的人，因此他们都很珍惜这份感情。当然生活不可能一帆风顺，总有一桩桩一件件的大事和小事在考验着他们，有的时候这些不大不小的考验会耗尽他们对彼此的耐性，不过最终，他们还是会真诚地为自己的脾气和任性道歉，去争取对方的原谅。

这就是这段感情经久不衰的保鲜剂。

总有人把“感情有七年之痒”挂在嘴边，然而同事的感情走过了15个春秋，七年之痒的说法在他们的感情面前似乎变得不堪一击。

两个人在一起，一定要懂得去经营这一段来之不易的感情。

任何情况下，如果在这段感情中，你犯了错，记得真诚地道歉，给对方一个拥抱，珍贵的真心远比虚假的尊严要重要得多。

04.

在外面，请给足你的男人面子

偌大的KTV豪华包厢一片死寂，就连一根针掉在地上的声音仿佛都能听见。

所有人的目光都集中在前一秒钟还吵得面红耳赤的两个人身上。

小凡往后退了两步，尽量让自己的声音听上去镇定一些：“我们就到此为止吧！”

洁洁的眼眶瞬间就红了，她难以置信地问：“你这是要跟我分手吗？”

“不跟你分手难道留着过年吗？”说着，小凡拂袖而去。

洁洁一屁股坐在沙发上，捂住眼睛泪流不止。

我拍了拍洁洁的肩膀，没说话。

小凡和洁洁最后还是分手了。

没有人能安慰洁洁，因为她和小凡分手，只能怪她自己。

已经不止一次有人告诉过她了：“在外面，你说话稍微注意一点啊！稍微照顾一下小凡的感受，考虑一下说话的内容，哪个男人出去不要面子？”

洁洁什么都好，就是在外面说话的时候管不住自己的嘴，不知道什么话该说什么话不该说，搞得最后大家都很尴尬，小凡也面子尽失。

小凡出生在一个普通的工薪阶层家庭，爸爸妈妈都是小企业的普通职员，家庭条件非常一般。其实洁洁的家庭条件也好不到哪里去，但是由于洁洁的父母从小就富养她，导致洁洁虚荣心很强，喜欢攀比，但又负担不起。

对于洁洁的虚荣心来说，小凡并不够资格成为一个移动ATM。小凡是个很朴实的男生，为人谦和，老老实实，很守本分，关键是对洁洁的要求真的是——能力范围之内都会去做，能力范围之外他就想办法去做，无微不至，让旁人都很羡慕。

唯独洁洁想买的奢侈品，小凡负担不起。

这就成了洁洁每天唠叨和不爽的点。

男人本来就看重面子和尊严，倘若这种事私下里和小凡说，小凡兴许还没那么生气，可这种事情拿到台面上在大庭广众之下说出口，就等于否定了小凡的一切努力，也让洁洁自己觉得万分掉价。

KTV事件的起因是别人发现了洁洁新买的口红，觉得颜色很好看，便问洁洁是什么牌子什么色号。口红并不是什么大牌子的口红，只是一般很平价的替代色，洁洁好面子，爱慕虚荣，便说：“具体我也不知道，只知道是YSL的，色号我等会儿回去帮你看一下啊！”

本来这个话题可以顺利地圆过去，偏偏旁边有个女孩问：“你嘴巴上这个是不是之前你让小凡找人买的？他当时找了我，我给他买的。你记错了吧，不是YSL的，就是韩国的一个平价品牌，很好用的。”

洁洁并不知道小凡是找她帮忙买的，小凡没有说，洁洁也没有问，谁都没想到谎言会当众被戳穿。

于是她只能心虚地红着脸说：“那就是我记错了，你看我这记性，自己早上起来用的什么口红都不记得了。”

然后大家就又把视线转移到洁洁新买的包上。

包是假的，是她自己让小凡去买的假货，几个女生一眼就看出来了，但是大家都识趣地没有说，还是那个帮买口红的女生开口了：“这个包我也有，你这个是假的吧，看五金就知道。”

“什么假的？是真的啊！”洁洁死不承认，“我们家小凡帮我买的真货。”

结果两个人对比了一下包，洁洁一脸惊讶地看着自己的包，当场就给小凡甩了脸色：“你怎么好意思买个假的包来糊弄我啊？”

小凡一开始并没有吭声，洁洁为了挽回自己的面子，只能一直去责备小凡：“我就说感觉怎么不对劲，原来你给我买的是假包啊！你买假的还告诉我是真的，你这让我怎么在朋友面前做人啊！”

沉默了很久的小凡开口了：“不是你让我去买的假货吗？是你给我的卖家让我去买的，难道你自己不记得了吗？”

洁洁没想到小凡会矢口否认，只好辩驳道：“我什么时候让你去买假货了？明明就是你骗我好不好？还不是因为你赚的钱少才会去买假货！”

洁洁话音刚落，小凡的整张脸都垮掉了。

这样的话无疑是在践踏一个男人所有的尊严。

这才有了后来小凡和洁洁的分手对话。

买假货不是错，为了虚荣把假货说成真货也不算错，错在洁洁明明是始作俑者却为了保留自己的面子将责任全部推给了小凡，一点尊严都没有给他留。

关键是，在这件事情里，小凡没有一丁点的责任。

男人对你的喜欢，不能成为你不给他留面子的资本。谁都有尊严，谁都想在朋友面前扬眉吐气，谁都不想颜面扫地，尤其是被心爱的女人亲手践踏，更是男人所不能容忍的。

诸如此类的事情其实洁洁做过很多次。

以前聚会的时候，洁洁总抱怨小凡买不起车，害得她每天都只能赶公交车，生理期也要赶车，真惨。

洁洁也经常嫌弃小凡的衣品，觉得他浑身上下都散发着土气，像是刚从田里滚了一圈出来的，上上下下没有一点像是城里人的样子。

我说："你既然这么嫌弃他，为什么还要跟他在一起？你这不是让自己不快乐吗？"

"还不是因为他对我好啊！"洁洁回答，"要不是因为他对我好，我才不可能跟他在一起呢！"

"你喜欢有钱的男人，可是有钱的男人对你不好。对你好的男人你又嫌这嫌那，算了吧，洁洁，你还是放过小凡也放过你自己吧。"

本来两个人在一起，就是互相发现对方的优点，互相包容对方的缺点，然而在洁洁的眼里，仿佛小凡只有缺点，没有一丁点的好。

从一开始洁洁戴着这样的有色眼镜去看小凡就是错误的，更何况她还把这种伤自尊的东西摆到台面上来讲。

说实话，小凡是个很努力的男生。

虽然说挣得不多，但是挣的钱大部分都花在了洁洁身上，小凡基本上没什么多余的开销，都是为了满足洁洁害人的自尊心和虚荣心。

每个人都有自己的软肋，那是每个人内心最自卑的地方，一旦被人扒开来看，伤口就会鲜血淋漓，难以愈合。

洁洁明知道这些，却还是开口闭口都是小凡的自卑点，一次又一次地伤害小凡，最终导致了小凡的离开。

谁都要面子，男人更加如此。

所以女孩一定要记得，在外面，一定要给足你的男人面子。

两个人在单独相处的过程中可能会产生很多问题，这些问题大部分都是不能在旁观者面前说的，尤其是在大庭广众之下，一定不能表露出对一个男人的嫌弃，即便他真的存在这样那样的不足。

我有一对小夫妻的亲戚，我们都知道他们生活得非常艰难。

小夫妻的父母要么走得早，要么生病，小夫妻的日常生活没有来自老一辈的任何补贴和帮助，两个人在同一家公司上班，工资也很一般。

家族聚会的时候，我经常会碰到那对小夫妻，很多情况下我们都坐在同一桌。

女人从来都没有在公众场合提起丈夫微薄的工资，也很少说起生病的婆婆，她面带微笑，总是夸奖她的丈夫做菜手艺很好，堪比大厨。

谁都知道男人的工资低，生活在社会的最底层。别人高谈阔论自己的丈夫多么有钱，职位多么高，又是去哪里出差给她带了什么昂贵的首饰，女人从来都没有表现出半点眼红和嫌弃。

男人知道，妻子的内心还是充满羡慕的。我不知道他们两个人私下里有没有说过，但在大家面前，女人一直都是不卑不亢，对这个话题，她从来不参与，也从来不打断。

她所有关于男人的言谈都是赞美。

不是虚伪的赞美，是由衷的夸奖。

她的眼睛里流露出对丈夫的尊重、欣赏和爱恋，远比那些只剩下名牌包包和奢侈品的目光要清亮迷人得多。

日子是自己过的，路也是自己走的，别人的生活仿佛与他们无关，别人是富有还是贫穷他们都不嫉妒也不鄙夷，他们的眼中只有彼此。

女人说："我先生有很多优点，当然也有一些缺点。我的缺点也很多，但是我的先生都愿意包容。我觉得丈夫不是所有物，不应该拿出去攀比，生活是自己的，也许我们还不够富有，但至少我有一个爱我的丈夫，这就足够了。日子越过越好，人会越来越进步，我会和我丈夫一起进步。"

睿智的女人耐得住寂寞，也经得起清贫。

她从来都没有为了满足自己的虚荣心像洁洁一样去捏造一些不存在的事实，有就是有，没有就是没有，谎言会被拆穿，毫无意义。

她也从来都没有因为丈夫不够富有而自卑怯懦，更不会因此和丈夫心生嫌隙，不论他们私下里的生活状态是什么样，在外人看来，他们都是一对互敬互爱的小夫妻。

在提到男人自卑点的时候，女人没有回避，也没有找借口搪塞，她坦诚地面对这个问题，没有呈现出任何的不满，保留了丈夫的尊严。

不要去戳一个人的痛处，尤其是在人前，请给足你的男人面子。

这会让他更爱你，也会让他更努力，更会让他距离成功更近一步。

05.

千万别轻易去试探他的真心

“欢欢，你帮我个忙呗。”刚到家，一个写手朋友就给我发来了一条信息。

我问道：“什么忙？你说。”

“我觉得我男朋友最近有点不太对劲。”

关于她男朋友不太对劲的说法我已经听到过好多次，具体哪里不对劲，她又每一次都说不出个所以然来。

写手朋友叫大荒，在两个杂志开了固定的专栏，自己也积累了一定的读者群，人气还算不错。她经常在微博上分享自己和男朋友的一些甜宠日常，大概是公众面前的甜蜜太多了，所以阴暗的部分，她就只能单独地来跟我说了。

她说，男朋友最近总是说自己在加班，经常九十点钟都还在外面不回家，每一次找他，他的理由和借口总是很多，虽然男朋友还是像以前一样把每一个纪念日都记得很清楚，但大荒觉得，这是男朋友做了对不起她的事，减少自己内心罪恶感的方式。

我叹了口气说：“他不是刚换工作吗？刚换工作，新员工肯定要加班啊！”

“不对不对，他以前也加班，不过不会加班到这么晚，而且还一条信息都不给我发，他肯定是出现了问题。”

我受不了大荒的絮絮叨叨，直截了当地问：“你要我怎么帮你？”

“这样，你去申请一个微信小号，然后我把我男朋友的账号推给你，你去加他，然后就装作一个爱慕他的女人，我倒要看看他是个什么反应。”

有很多女人在这种情况下都会出此下策，他们会虚构一个“情敌”的存在，利用这个虚幻的人去试探自己的男朋友，殊不知，有些东西是经不起考验的，尤其是真心。

如果这颗真心变质了，这样的方法也不一定能试探得出来，即便是试探出来了，证明了自己的男朋友经受不起考验，那又如何呢？

如果这一切都是女孩子的胡思乱想，那么这样的所作所为被另一半知道之后，就会成为两个人之间矛盾的最大导火线，一发不可收拾。

真心是不可以试探的。

我劝大荒还是算了，并表示自己不会帮她这个忙，让她也不要再折腾，做无用功。

人们都说，恋爱中的女人智商为零。但恋爱中的女人在智商下降的同时，折腾的功夫和臆想能力都会直线飙升。

大荒见我不帮忙，也不听我的劝，转过头就去找别人帮忙。

接下这个差事的是大荒的女性朋友，小桃。小桃八卦得厉害，有这种消磨时间的好事，哪里舍得放弃。

小桃很快就申请了一个新的账号。

事实似乎并不像大荒想的那样。

小桃加大荒男朋友的第一天，谎称自己是他的一个爱慕者，大荒的男朋友就表示："不好意思，我有女朋友了，我很爱我的女朋友。"

这个答案给大荒不安的心打了一针强力镇静剂。

但大荒依旧是心存芥蒂，她拜托小桃每天都去找她的男朋友聊天，她要看他到底是不是经得起这样长期的考验。于是小桃每天都会主动找大荒的男朋友聊天，然后再把每天聊天的内容和大荒共享。

这样的状态大概持续了有三个月的时间。

在三个月之后的某一天，大荒突然收到了男朋友发给自己的分手信息。

大荒很茫然，她一头雾水，这三个月的聊天记录小桃每天都会发给大荒看，从男朋友的一言一行中，并没有出现任何问题，她不知道男朋友怎么会突然这样。

大荒去找男朋友。

男朋友质问她："原来我和你的感情在你眼里就这样不堪

一击吗？你就这么不相信我？要找你的朋友来试探我？”

大荒很尴尬，只能问：“你怎么知道……”

“是小桃看不下去了，她作为你的朋友都觉得你在践踏我的真心，所以把一切都告诉我了。大荒，我跟你在一起这么长时间，我没有想到你居然是这样的人。”

大荒被男朋友这样冷漠的反应吓到了，她试图为自己辩解：“是因为你之前一直都说自己工作忙要加班，都不给我发信息，我才会胡思乱想的啊！”

男朋友把自己这三个月做的业绩单拿出来给大荒看。

“我换了新的工作单位，需要一段时间来调整自己，也需要给上级领导留一个好的印象，所以我每天都加班到九点钟。你告诉我，领导跟我在一起加班，我怎么给你发信息？怎么跟你煲电话粥？我哪一次下班之后不给你发信息？可是你不能要求我每一分每一秒都要向你汇报我的行踪吧？”

大荒被噎得说不出话来，她道：“我这样做不是因为在乎你吗？我要是不在乎你的话，我会找小桃来试探你吗？”

“你还是不明白。在乎并不能成为你用这种方式来试探我的理由！”

大荒道：“所以你就是因为这个要跟我分手？就因为我让我朋友去确定你是不是还爱我，你就决定要跟我分手？！”

“因为我现在不爱你了。”男朋友回答大荒，“以后你就用这样的方式去试探别人的真心吧！”

大荒和男朋友散场得很难看，预料之外，情理之中。

她哭得稀里哗啦地跑来找我，一直在重复一句话："我不过就是试探他一下，他至于要跟我分手吗？"

当然不至于。分手一定是有别的原因，没多久，大荒就知道了这个原因。

大荒第一次觉得原来一个人被绿还能被绿得这么窝囊。

小桃如剧本和小说写的一样真的成了男朋友的爱慕者，男朋友也如大荒一直构想的那样，成了一个根本就经不住考验的人。

"我居然被一个远在外地的网友绿了，这简直是本世纪最好笑的笑话！"

在大荒前男友的世界里，小桃是个多么善解人意的姑娘啊，她帮好朋友的忙，是个好闺密，最后她不想他一直蒙在鼓里被欺骗，所以她善意地告诉了自己这件事情的真相……

大荒啐了一声，说："防火防盗防闺密！"

"你可长点心吧！"我白了她一眼，道，"其实这种试探真心的想法本来就是一种错误，真心就不应该拿来考验，这件事是你错在先，当然小桃和他也有问题，但终究是因为你自己的多此一举，才导致了今天的结果。过去的事情就过去了，以后不论经历什么样的感情，都要记住一件事，不要随意去试探别人的真心。不真心对你的人根本不用你去考验，时间会证明一切。真心对你的人你去用这种无聊的方式考验他，只会让对方寒心，损人而不利己的事情以后就不要再做了。"

恋爱中的女人敏感又疑心重重。

年轻不懂事的时候，我也执着于去翻看男朋友的手机，变着法子从别人的口中去打探他是不是忠诚，最后他平静地告诉我：“欢欢，时间就是最好的考验，你不用想办法去试探我，时间会给你答案。”

米多刚进单位的时候，有个叫大方的同事就开始苦苦地追求她。周围有女同事告诉她，大方的名声不好，听说在外头是一个很花心的人。

那时候米多和大方已经进入了暧昧期，女同事这样的告诫让米多有点犹豫。

女同事又说：“你可以找个人去试探一下他，看看他是不是真的只中意于你，如果他轻而易举地被别人撩到手，那你也好及时止损。”

米多思考再三，最后还是拒绝了女同事的提议。

“我不想试探他，时间长了，一个人的本性自然会暴露出来。我去试探他，那就是不信任他，一段感情如果刚开始就写满了不信任，那么也就没有什么继续的必要了。”

女同事悻悻不已。

事实证明，时间确实给了米多答案。别人口中的大方只存在于别人口中，生活中的大方才是真实的大方。

直到后来米多才知道，原来当初那个女同事一直对大方有意思，她说这么多，不过就是为了让米多在大方的心中失去地位，可惜她没有料到，米多是个很有主见的女生，这一套适用于绝大多数女生的方法并没有在米多的身上奏效。

大方知道这件事之后很惊讶，随后又有些羞愧："其实在遇见你之前，我的确是女同事口中的那种人，即便是遇到你，一开始我也并没有给出所有的真心。如果当初你真的用这种方式来考验我，那我一定经不住你的考验。"

"我知道。"米多说，"我会让时间说真话，而不是用试探这种方式。"

大方刚开始接触米多的时候，也只用了不到一半的心意。在和米多相处的过程中，大方渐渐发现米多是个值得交托全部真心的女生，所以他自动删除了微信里其他女生的联系方式，他不再混迹于那些人多口杂的场所，也不再给别的女生多余的目光。

大方说："谢谢你的不试探！"

试探始于怀疑，当在一段感情中，一方变得不信任，那么不论另一方多么忠贞，矛盾一定会产生。

不要轻易去试探一个人的真心。

让时间说真话，虽然谁都害怕。

第六章

一段好的爱情，应该是相互成就

01.
你也可以努力，别总想着依靠男人

影子几乎天天在朋友圈晒她儿子的照片。

影子是我一个作者圈的朋友，她叫自己的儿子“猴妹”。

影子当初一直都想要个女儿，可惜没能美梦成真，就索性把儿子叫“猴妹”了。

我刚认识影子那会儿，她还是个名不见经传的小作者，偶尔在一家人气低迷的小杂志上发表几篇文章，反响也非常一般。

影子大学毕业之后就结婚了。她和老公阿哲是学校里的同学，大学三年的感情割舍不断，致使大学毕业之后，影子没有选择回到自己的家乡工作，而是来到了阿哲的城市，嫁给他，成为一个全职妈妈。

影子以为，她能一辈子做一个幸福的全职太太，相夫教子，打理好这个家，然而愿望虽然美好，往往事与愿违。

结婚之后，阿哲去外地工作，家里常年都只有影子和猴妹两个人。

刚结婚那会儿，阿哲还经常回来看看，有了猴妹之后，阿哲便经常性地像从人间蒸发了一样，好长一段时间都不着家，当然，也不会给家里钱。

那段时间，影子没有自己的收入，一切花销都只能从丈夫那里来，她形容自己就像是一个等待别人施舍的可怜虫。

阿哲不喜欢猴妹。

影子嫁给阿哲的时候是裸婚，阿哲什么都没有——没钱、没房、没车，如果不是因为他们的感情开始在纯粹的大学时光，还经历了三个春秋，影子做梦都不会想到自己会嫁给一个一无所有的男人。

阿哲的收入本来就不高，两个人的生活要是没有老一辈的补贴根本入不敷出，阿哲的父母条件也非常差，大多数的补贴都是从影子的娘家来的。

生了猴妹就意味着，阿哲本来就不够用的钱还要分去大半给这个孩子，阿哲怎么想都不高兴，即便这个孩子是他自己的亲生骨肉，但对于阿哲来说，这无疑是一个甩不掉的负担。

既然甩不掉，那他就索性玩消失——这才有了后来阿哲长年累月不回家的状况。

今年初，影子决定和阿哲离婚。

之所以要和阿哲离婚，是因为影子觉得这样的父亲在孩子的成长中只会起到一个负面的作用，阿哲本来就很少回来，每一次回来都是和影子吵架吵得不可开交，而且都是当着孩子的面。

猴妹一看爸爸妈妈吵架就哭得厉害，已经两岁半的猴妹，看到爸爸就像看到陌生人一样，一句话也说不出来，扭头就是号啕大哭。

所有人都说："你还是不要离婚了，你一个全职太太，根本就没有办法养活自己和儿子，你要是离婚了，哪里有钱用啊！"

影子怀孕之后，就暂停了自己的一切写作工作。影子的孕吐非常厉害，拖着怀孕的身子，影子根本就没有办法再进行创作。生了孩子之后，影子就更没时间去写稿子了，猴妹的身体不是很好，经常生病，影子为此焦头烂额。

就这样，影子前前后后搁置了三年时间没有再提笔。

影子要和阿哲离婚，孩子成了一个大问题。

影子知道阿哲不想要孩子，阿哲也知道影子离婚就是为了孩子，所以阿哲拿孩子作为要挟，要求影子把当初两家人合买的房子给他。

当初影子的父母付了这个房子百分之七十的费用，这个要求无理且荒谬，影子完全有理由拒绝，但是阿哲却说："你现在没有工作，你说我们俩要是上了法庭，孩子判给谁的概率大一些？"

这一句话直接质问得影子说不出话来。

她是一个全职太太，没有收入，如果真的上了法庭，孩子判给她的概率微乎其微。她执意要和阿哲离婚的原因就是他对孩子的冷漠和厌恶，如果离了婚之后孩子判给了阿哲，那么她的离婚就没有任何意义了。

为了孩子，影子重拾搁置三年的笔。

她没日没夜地赶稿子，把之前荒废的那些资源全部都争取了回来，她从来都没有这样拼命过，短短半年的时间，影子签了三本书，两个漫画脚本，还有一部网络剧的剧本。

她咨询了律师，律师表示，按照她现在的收入，孩子判给她的概率还是很大的。

今年的8月，影子和阿哲正式走完了离婚的一切程序，孩子最终判给了影子。

有次作者聚会，我碰到了影子，她抱着猴妹笑得很开心。

我们一起去喝咖啡，她捧着咖啡，看着窗外来往的车辆，目光里闪着希望的光芒："我以前一直都认为，结了婚之后，女人的人生就要依附男人，完全忽略了独立的重要性。感谢时间让我看清了一个人，也让我知道了，女人还是要自己努力，不能完全依靠男人。要是遇到一个能托付终身的男人还好，要是遇到我前夫那样的，完全依靠不到的话，那我和孩子岂不是完了。"

后来影子和一家文化公司签了长约，也算小有名气，有了稳定公司的影子又兼职开了一个网店，出售一些手工的挂耳咖啡，生意还算不错。现在她已经可以不依靠任何人的力量养活自己和猴妹，而且还能生活得非常滋润。

女孩始终要记住的是，一个成功的男人对你而言，不是雪中送炭，而是锦上添花。

苏陌的未婚夫陈漾是当地影响力极大的十大杰出青年之一。

在陈漾上学的时候，他已经通过自己的努力得到了好几个企业家的投资开始创业，别人大学毕业还对未来充满迷茫，不知道应该去什么样的单位工作，陈漾已经成了一家公司的老板。

他年轻有为，公司几年内的发展也很不错，所以苏陌嫁给陈漾，大家都觉得苏陌简直就是走向了人生巅峰。

二十四岁的苏陌，大学毕业一年，在一家外贸公司上班，相貌姣好，身材迷人，长着一张绝佳的阔太太脸。

外贸公司的工作强度很大，周围的人都劝苏陌："你就赶紧回家歇着吧，给你家陈总生个儿子再生个女儿，安安心心当你的阔太太，还出来上什么班啊！"

虽然这种话听多了，但苏陌却从来都没有动过要当全职太太的念头。

她在外贸公司干得尽心尽力，与此同时，为了拓展丈夫公司的业务，她还在休息时间兼职做别的业务，自己的本职工作加上兼职，她一个月的薪水已经超过当地一些年轻有为的男士了。

苏陌父母见女儿嫁了个“创一代”还这么辛苦，都劝她不要这么拼命了，如果想工作就去自家的公司上上班，做做领导，不比在其他公司受罪要好得多！

苏陌坚定地拒绝了父母的提议。

关于苏陌的工作，陈漾从来都没有干涉过，她愿意在外贸公司上班那就去，她想要利用自己休息的时间做兼职那就做，大家都说，这么好命的女人嫁给一个又有钱人品又好的男人是该去享受的，结果苏陌居然还这么拼。

但没有一个人说，苏陌是高攀陈漾的。

她的丈夫很优秀，她也不差。更难得的是，她没有因为嫁给一个优秀的丈夫就停下自己的脚步，为了成为丈夫的贤内助，她变得更加努力，更加刻苦，比起那些只会挥霍丈夫的收入、天天逛街买奢侈品的阔太太，苏陌强大得让人肃然起敬。

她一直都对别人说：“我丈夫走到今天是他的本事，不是我的。如果我做的事是让他退步和减少自己的收入，那我的存在对我的丈夫而言就是没有任何意义的。陈漾选择我，是因为我适合他，我努力赚钱，不完全依靠他的收入，这才是我适合他的地方。一个男人选择一个女人，跟她共度一生，不是去救济自己选择的女人，让自己的进步变得缓慢困难，而是两个人共同进步，共同发展。”

女人没理由总想着依靠男人，在新时代的背景下，每一个女人都可以在经济上、在工作上实现自己的独立和进取，你也可以努力，也可以去帮助你的丈夫，成就你的丈夫，别让你的存在拖他的后腿。

每一个努力的女性身上所散发出来的光芒都比那些除了挥霍什么都不会做的女人要耀眼得多，努力本就让人熠熠生辉。

身边也不乏那些结了婚之后就选择做全职太太的女性朋友。

在家庭和工作之间，她们选择了前者。

并不是说选择做全职太太就是一种让人瞧不起的行径，如果能很好地照顾家庭，帮助丈夫，为丈夫出谋划策、排忧解难，而不是自己花的每一分钱都要依靠自己的丈夫，除了挥霍丈夫来之不易的收入之外，没有别的作用，这样的全职太太，同样是一种成功。

努力体现在方方面面，不论是在自己的工作方面，还是在家庭方面，女人都不能停下自己前进的步伐。

不要把生活中所有的事情都丢给男人，也永远不要在该努力的时候选择安逸。

即便你有一位非常出色的丈夫。

努力让你的丈夫因为你更加出色，也努力让你因为成就你的丈夫而变得更加迷人。

02.
请尊重一个男人的努力

清晨6点钟是“一家人包子铺”一天中最忙碌的时候。

我经常在早上光顾这家包子铺。店主是一对年轻的小夫妻，因为做的包子口味好，店面又干净卫生，这里的早餐很受欢迎。

有一次我在等早餐的大排面，老板在里面忙活，老板娘出来跟我打招呼：“来啦？今天的大排面要稍微等十几分钟，不好意思啊！”

“没事。”我找了个位置坐下来，道，“你们家的生意可真好啊！”

老板娘有些不好意思地答：“小本生意，赚不到几个钱的。”

我摇摇头，“跟赚多少钱没关系，我觉得你们两个人这样的工作状态和生活状态非常好。”

后来的一次闲谈里，老板娘讲起了她和老板的故事。

他们从小就认识，老板出生在农村，家里的条件很清苦，好不容易考上了城里的大学，但是家里实在是拿不出大学的学费，念到一半，老板就被迫离开了大学校园。

老板娘知道了这件事，说什么都要让老板申请回学校复读。

老板娘出生在城里，家庭条件好一些。可毕竟也是工薪阶层，老板娘的父母供她读大学就很费劲了，更别说再去帮助老板了。

两个人商量了很长一段时间，老板娘想要辍学，把自己的学费留给他，却被老板严词拒绝了。

后来老板决定开一家包子铺。

“那时候他们家是真的穷得揭不开锅，所以他自己先出去打工两年，才攒够了这个包子铺的房租钱。”老板娘回忆起往事，眼眶不觉有些红了，她说：“我长这么大真的没见过比他更能吃苦的男人，他从来都不怕苦，就怕给不了我好日子。”

老板娘毕业出来的那年，老板找到了一个好的商铺，租下来开了这么一家包子铺。

两年在外打工的经历给了老板很多的经验，他在各式各样的早餐店打过工，学过各式各样的手艺，最后自己研究出了一个神秘的配方。

“我们家的包子好吃就好吃在他自己研制的酱料。”

包子铺开了四年，四年的时间里，两个人攒够了房子的首付，也攒够了结婚的钱，老板娘说自己嫁给老板的那一天，他们全家人都反对，但是反对无效，她的内心很坚定。

她一直都认为，别人眼里看到的老板那是别人的事，她比谁都更明白老板的重要。

一个愿意吃苦、愿意努力的男人，她没有理由放弃他，她要做的是尊重他的努力。

陈莎莎年轻的时候有过一个做工程的男朋友大格。

那个年头工程不是很好做，但大格的弱电工程收入还是很可观的，在一个二线城市，年收入20万说出去已经足够体面了。

陈莎莎只知道大格是自己包下项目做工程的，具体的工作内容她并不知道。

她总觉得，怎么着也是个戴着安全帽天天对工人指手画脚的小老板吧！

大格从来不向陈莎莎说自己工作的具体情况，陈莎莎也懒得去问，每个月的生活都有滋有味对于陈莎莎来说就足够了。

她很喜欢向别人炫耀自己的男朋友月薪几万，别人问她大格是做什么的，她很骄傲地说："他是做工程的，你懂的，就是天天在工地上指挥那些员工的。"

好事的人就多问了几句："他都做了什么项目啊？你去工地看过他吗？"

"没去过，他这种小老板总归也是比较忙的，我就不去打扰他了。"

几个女生私下里笑陈莎莎的没见识。

"不就是个包工头吗？说得这么好听，什么小老板。真的是个小老板还看得上她陈莎莎啊！”

陈莎莎听了之后非常生气，她把这件事告诉了大格，大格告诉她：“有时间你可以来我的工地看一下。”

陈莎莎便抱着想让那几个女生打脸的初衷去了大格所在的工地。

当她看到自己的男朋友穿着邋遢的工装，头戴黄色的安全帽，在还没有建好的高楼上，用脏兮兮的手去整理电线的时候，陈莎莎恨不得扭头就走。

她不敢相信那几个女生说的居然是对的。

她陈莎莎的男朋友居然就是个工地上搬砖的可怜虫！

陈莎莎不能接受这样的事实，所以她去找大格理论：“你不是说你是自己包项目做的吗？你怎么会在工地上当工人？难道你从一开始就是骗我的？！”

“我没有骗你，我确实是自己包工程做项目的，但是正如你的朋友们所说的，我就是个包工头。”

陈莎莎不可置信：“你不应该是坐在老板桌前面喝茶看报纸，偶尔去工地晃一晃检查一下的小老板吗？！”

事实上，大格可以选择这样做。

“我现在所做的事情需要两个工人平摊来做，工程的款子就那么多，我多请一个工人就要多付一个人的工资，我坐在老板桌前喝茶看报纸你一个月就少了一个名牌包，明白吗？”

陈莎莎当然不明白。

陈莎莎要是明白，就不会觉得大格欺骗了自己，就不会想要和大格分手。

她的分手理由是一口咬定大格欺骗了自己，可自始至终都只不过是她一个人无知罢了。

陈莎莎根本就没有尊重过大格的努力。

她不知道大格每天做这些脏活累活只是为了给自己更好的条件，让她买更多的东西，可这些努力在陈莎莎的眼里都是一种摆不上台面的耻辱。

她不知道大格的努力，她也没有尊重过大格的努力，与之对应地，她也配不上大格努力之后的成功。

大格在和陈莎莎分手的第二年就自己开了一家公司。

这一回，大格就真的变成陈莎莎口中所说的那种坐在老板桌前面喝茶看报纸的闲人了，陈莎莎想找大格重修旧好，却被大格冷冷地拒绝了。

“在我努力往上爬、在我最需要你的时候你选择离开我，那么现在，我也不再需要你。”

陈莎莎再也没有遇到过比大格更好的男人。

20岁的女孩习惯性地标榜着自己要找一个有上进心、愿意努力的男人，但却只有极少数的女孩愿意去尊重一个男人的努力。

努力的过程很艰辛也很漫长，在这样的过程里煎熬远比坐享其成要痛苦得多。

我有个赴加拿大留学多年的朋友经常在国内各地开展讲座，她有一个非常受欢迎的讲座，题目就叫《请尊重一个男人的努力》。

我有幸去听过她的这场讲座，内容非常精彩。

在她的讲座里有一个真实案例是这样的。

男人和女人结婚之前一直都在做旅游产业，但是当地的旅游业一直都没能发展起来，所以男人不得不想办法去做别的工作。

男人年轻的时候读的是国内首屈一指的985大学，却由于某种不可抗因素，没有念完大学就被迫退学了，于是男人的文凭就成了他被众多优秀的公司拒之于门外的原因。

他用两年半的时间补好了自己的大专文凭，但旅游业的不景气让男人不得不想办法转行，文凭依旧是个棘手的问题，男人只能临时到一家团购App跑商户。

这份工作很辛苦，而且他的收入基本上全都要依靠他跑来的商户数量。

他必须想尽一切办法让商户愿意和他们的平台达成合作，这样他才能有收入。

这并不是一件简单的事，之前已经有很大一部分商户被别的平台拉走了。作为一个新兴的平台，他只有两个选择：要么去争取那些刚开的商铺；要么就想办法让那些已经和别家平台达成合作的商户终止和别人的合作。

男人有一个很适合去拉商户的优点，那就是外形条件非常突出。

有一天，男人想了很久，找到了自己怀孕的妻子，问：“你会尊重我的努力吗？”

女人给了他肯定的回答。

男人又说：“只要不违背道德和法律，不论我用什么样的方法，你都会尊重我的努力吗？”

女人说：“是。”

男人知道自己的优势是什么，所以他在跑商户之前会去做调查，筛选出当地老板是女性的商户，作为他的重点合作对象。

他知道自己外形条件非常好，他要利用这样的优势去拉到别的商户拉不到的生意。

所以他面带微笑地去讨好那些甚至比他大十岁二十岁的女老板，当然前提是，他不会背叛自己的妻子，也不会做任何出格的事。

他嘴巴像是抹了蜜一样，说的话讨人欢喜，再加上他的外貌优势，男人在短短的三个月时间内就做出了整个公司上上下下最突出的业绩。

他知道自己上位的手段并不高明，甚至正如其他人所说的“出卖色相”，但是妻子都选择了理解和原谅。

“任何不违背法律和道德的努力都不应该被抨击。”妻子说，“我尊重你的所有努力。”

请尊重一个男人的努力，不论他在合理的区间内运用了什么样的方式。

任何不违背法律和道德的努力都不应该被抨击，都值得等待和尊敬。

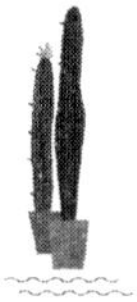

03.
嫁给谁都能幸福

小贝以前最喜欢说的豪言壮语就是——以后我要嫁个非常厉害的老公。

为了找到她口中的那个老公，小贝开始了很长一段时间的寻寻觅觅。

小贝一共经历过三段婚姻。

她的第一任丈夫是个富二代。男人继承了家里的厂子，开开心心地天天躺在家里收钱，游手好闲，挥金如土。

守业更比创业难，果不其然，不出几年，男人的厂子就由于经济原因彻底倒了，男人一夜之间变成了穷光蛋。

从前，小贝是天天打打麻将、逛逛街烧烧钱的富婆，后来，随着男人的破产，小贝一夜回到解放前。她知道自己这一生不能这样度过，于是她果断地跟男人离了婚，也不管别人怎么看她。

小贝从这段失败的婚姻中痛定思痛，明白了一件事——光找一个有钱的男人是没用的，必须找一个有能力的，这样自己的婚姻才能幸福。

于是小贝选择了一家国有企业的HR。HR35岁，也有过一段长达六年的婚姻，有一个儿子，跟了妈妈。

一开始，小贝的第二段婚姻过得还算是美满，可是很快，她发现自己的丈夫在事业上已经到达了一个瓶颈期。

按理说，他在现在的这个位置坐稳了三年就能再往上升了，可是都五年了，也没见领导有提拔他的意思，这让HR的心里非常不爽。

新来的员工的升职速度都比他快，HR越想越气不过，气不过的他直接到上司的办公室大闹了一场，结果惹毛了顶头上司，HR也没能有好果子吃。

在国有企业这种地方，上下关系需要打点，以往HR的这些人际关系都是他前妻帮他搞定的，他虽然能力强，但是为人处世的水平极差，所以人缘一直都不太好。

小贝当然是不知道这些人情世故的。

之前和富二代结婚的时候她当的是高高在上的阔太太，十指不沾阳春水，哪里懂得人情冷暖，自然也不会帮HR去处理这些事情。

于是HR工作上的不顺心就常常被带到家庭里面来，争吵时有发生，再加上HR的儿子频繁地叨扰，终于，小贝忍耐不下去了，结束了这场持续了三年的婚姻。

经历了两次失败婚姻的小贝经常问别人：为什么她这么不幸？为什么所有的这些看似优秀实则失败的男人都被她碰上？为什么别人的婚姻这么幸福而她却偏偏这样不幸？

她问了很多人，没有人告诉她答案，只有一个朋友反问了她一个问题："为什么你的幸福要掌握在男人手上，而不是你自己的手上？"

小贝不理解，朋友又说："你羡慕别人的丈夫优秀、有能力，羡慕别人的家庭幸福，那你看看别的女人都做了些什么，而你又做了些什么呢？"朋友言辞犀利地问道，"你凭什么不能做到嫁给谁都幸福？"

嫁给谁都幸福，小贝不明白要怎么样才能成为这样的女人。朋友告诉她："你不能总是去挑选优秀的男人，这个世界上哪里有那么多优秀的男人任人挑选？你要学会去帮助你的男人，学会去成就他，再让他来成就你。"

小贝总以为，女人就像是个附属品一样，她寄希望于她的每一段婚姻，她疯狂地想从男人的身上得到满足和虚荣，让她在这个社会上有立足的能力和难以撼动的尊严和地位。

殊不知，尊严和地位向来都是自己给自己的。

从男人那里得到的，终究不是自己的。

小贝开始第三段感情的时候很慎重。

在那以前，她已经在职场摸爬滚打了三年，经历了两段失败婚姻的小贝已经30多岁了，30岁的小贝变得成熟和冷静，能沉着地应对生活中大大小小的挫折和考验。

这个社会对小贝并不友好。

一个30多岁的女人离过两次婚，闲言碎语是在所难免的，况且小贝之前的所作所为被人抨击和议论也不奇怪。

小贝走过很长的弯路之后终于明白了爱情和婚姻是什么。

不是为了提高自己的地位和让自己变得富有才去开始一段婚姻，而是遇到一个可以相互扶持、能通过努力让彼此都变得优秀的人携手共进。

女人存在的价值并不是成为附属品，而是能够自己去经营和改善一段感情，帮助和成就一个男人，从而实现两个人的幸福。

小贝的第三个丈夫开了一家规模不大的汽车改装店。生意还算不错，基本上都是一些回头客。

对于汽车这种东西，小贝的认知就只有富二代没破产的时候给她买的那辆玛莎拉蒂。

为了帮助老公经营好这家店，小贝花了很长的时间学习了各种车子的牌子和相应的型号，甚至老公不在店里的时候，她也能知道哪一个型号的车应该怎样去改排气管，应该怎么加尾翼……

人人看到小贝都说：“你这个老板娘真好，你们家真幸福。”

她的生活终于发展成她以前总是艳羡的模样，她非常感谢当初提醒自己的那个朋友。

有能力带给别人幸福的人，自己才会幸福。

总是想让男人成就自己、让自己幸福的人，往往因为这种巨大的依赖性和不确定性变得不幸。

要知道幸福从来都不是靠别人施舍的，而是自己创造的。

有个叫玛丽的朋友也和小贝一样有三段婚姻。

但她的前两段婚姻终结都并非她的问题。

玛丽的第一任丈夫是个大学教授，玛丽是个211名牌大学毕业的高才生，毕业之后回到初中的母校任教，和教授是相亲认识的，23岁的玛丽嫁给了32岁的教授。

婚后两个人的生活很甜蜜，玛丽是一个很会经营感情的女人，她懂得如何给乏味枯燥的生活制造有滋有味的惊喜，也知道如何帮助自己的丈夫更上一层楼。

婚姻的终结是因为教授的意外身亡，教授所负责的实验室发生了爆炸事件，教授去世的时候年仅34岁。

玛丽陷入了巨大的悲痛之中。

她用了整整四年的时间才走出了这段感情，那个时候玛丽29岁。

玛丽和教授结婚两年，没有孩子，这对于玛丽来说是唯一的宽慰，不然她无法想象孩子一出生就失去父亲，那该多么悲痛！

尽管教授对于玛丽来说非常重要，但玛丽同样清楚一件事，那就是她不能因为教授的死从此就拒绝快乐，无论如何，她要让自己、让周围的人幸福。

玛丽的第二任丈夫是一个企业家。

嫁给企业家之后，玛丽会陪着丈夫去参加各种各样有趣的聚会，除了帮丈夫料理好家里的一切，还经常会给丈夫的生意出谋划策，两个人每年都会抽时间一起出去旅游，去访问名山大川，去登山，去海边。

但是玛丽始终都没有能给企业家生一个孩子。

去医院检查了之后玛丽才知道原来因为自己身体的原因，自己注定无法成为母亲。为此，企业家选择和玛丽离婚。

玛丽已经37岁了。

她没有了青春，也没有孩子，在别人看来，这样的玛丽得多凄惨啊！

后来，这样的玛丽遇到了阿速。

阿速是电视台的编导，遇到玛丽之后，两个人很快就坠入了爱河。

即便玛丽遭遇了第一任丈夫的意外身亡，还有自己不健全的身体，这些困难都没有阻止玛丽停下追求幸福的脚步。

“虽然我的前面两段婚姻最终的结果令人唏嘘，但是每一段婚姻的过程，我都感觉很幸福。”她这样对我说，“也许在别人看来，我这个人很不幸，我有过两段失败的婚姻，也许还有人说得难听一些，说我克夫……可感情本来就是两个人的事情，我知道我和我的丈夫在一起的时候，彼此都很快乐，都很幸福，那就足够了。我不会因为一段婚姻的失败就放弃人生的幸福，不论如何，不论嫁给谁，我都会幸福。”

她有很高的学识和涵养，也懂得社会上的人情世故，上得厅堂下得厨房，善解人意也懂得帮别人排忧解难。也许她的人生遭遇过不幸，又或者正在遭遇不幸，她都有办法通过自己的努力改变困境，收获幸福。

和阿速结婚的时候，玛丽已经是一个电台的签约情感主播，她向她的听众分享自己的故事，同样也给一些迷茫的人传递正确的人生观。

阿速在电视台有很多事，应接不暇，玛丽经常帮助阿速处理工作上棘手的问题，也把自己在电台做的活动分享给阿速，为他提供一些做节目的灵感，很快，阿速在电视台就节节高升，与此同时，玛丽的电台收听率也不断上涨，两个人在爱情圆满的同时也得到了工作上的提升。

多数人感到不幸，是因为他们觉得生活亏待了自己。

可即便是玛丽，生活对她如此严苛，她却依旧尽最大的努力经营好自己的感情，也有本事让自己嫁给谁都幸福。

04.
重要的是理解和帮助对方的家庭

和魏巍结婚之前，苏禾从来都不知道，原来魏巍的家庭有这么复杂。

谈恋爱那会儿，魏巍带苏禾回过好几次家见家长，但是都没有带她深入地接触过这个大家庭，很多家族里的活动和聚会也没带她去过，导致苏禾后来见到一群亲戚的时候一脸茫然。

魏巍的家庭其实很复杂。

魏巍出生于一个重组家庭，她的父亲和母亲原本都有过一场婚姻，他还有一个姐姐和一个哥哥。

他的父亲是一家企业的老员工，母亲自己经营了一家文具店，普通的背景，条件一般。问题出在这个重组家庭的原始家庭总是有这样那样的烦心事。

比如说，母亲和前夫生的女儿出嫁了，母亲出席姐姐的婚礼，也顺带把魏巍一起带去了，姐姐看魏巍非常不舒服，在婚礼上就给他甩脸子看。

比如说，父亲和前妻生的儿子不学无术，经常狮子大开口地向父亲要钱，父亲不肯给，他那个哥哥就赖在门口不走，搞得整幢楼的人都知道他们家这点破事。

魏巍一点都不喜欢这个家。

他不明白离婚的两个人为什么要重组家庭，既然选择了重组为什么就不能把之前的事情都处理得干干净净、清清爽爽，到现在还能整出这么多幺蛾子来。

苏禾一开始并不知道魏巍的家庭有这么多的破事。

和魏巍结婚之后，那些破事居然也开始摊到她的身上来了，这让苏禾苦不堪言。

她跑来吐槽说："他那个哥哥简直是人间极品你知道吗？都二十七八岁的男人了，怎么还能在家里啃老啃得心安理得！啃老就算了，不去啃他现在的爸，非要来啃魏巍他爸，他爸总共才多少工资啊，什么都没给魏巍留下。还有他那个姐姐，都已经嫁人了还好意思问魏巍他妈要钱，我真是没见过比魏巍他们家更糟糕的家庭了。"

这么说有点夸张，因为魏巍的家庭状况虽然不太理想，但也不至于把矛盾激化到不可调节的程度。

我对苏禾说："你可以去试试看帮助他的家庭。"

苏禾一脸惊诧地望着我："你是要我给他那个不学无术的哥哥送钱还是给那个恬不知耻的姐姐送钱？"

当苏禾说出这番话的时候，我就已经决定放弃和她继续交流了。

重组家庭本来就问题重重，魏巍的姐姐和哥哥都是不可避免的存在，可站在苏禾的立场，她应该做的是谅解和适当帮助，而不是以自己为中心去给魏巍更大的心理压力。

任何时候，都不要忘记，在一段感情中，除了理解和帮助你的另一半，理解和帮助他的家庭也很重要。

很显然，在这一点上，苏禾的做法非常欠妥。

和苏禾如出一辙的还有我一个同学——阿琪。

阿琪这个人什么都好，就是管不住自己的嘴，她像个评论家，什么事情都要让她的法眼来瞧一瞧，什么情况下只要她能说得上话，就一定要说话证明一下自己的存在。

阿琪的丈夫叫阿夜，阿夜的家族很庞大，阿夜的爷爷一共生了四个儿子，三个女儿，一大家子人聚在一起，满当当的一大屋子人。

人多嘴杂，自然八卦也就多。

阿琪经常在我们几个人的群里说她丈夫家的事情。

“你们知道吗？他二姨搞笑死了，上次来我们家吃饭，带着她儿子，一直叽里呱啦说她儿子多有出息多有本事……她儿子明明就是个小破皮包公司的，真不知道有什么好吹牛的。”

“哎我跟你们说啊，上次我和我老公还有几个亲戚去打麻将，我老公赢了不少钱，然后他们几个就叫我老公请客吃饭，结果吃了我老公3000块钱，我老公总共才赢了2000块，然后轮到他们赢了钱，就屁都不放一个！真的是计较死了……”

“还有上一次……”

诸如此类的话数不胜数，总之阿琪觉得阿夜的家庭就像一锅稀巴烂的粥。

有一次，阿夜的二姨来了，来向阿夜借钱。

二姨的儿子不学无术，在外面把人家姑娘的肚子弄大了，女孩子的家里气得半死，上门来讨说法，开口就要50万，不然就把二姨的儿子送到局子里去。

二姨怕得不行，自己家里的钱都拿出来也就十来万。这几年给儿子买房买车，两个老人家都已经被掏空了，现在这个不争气的儿子又闹出来这档子事，把二姨的脸都丢光了。

阿琪和阿夜其实生活得还不错，两个人结婚几年，阿琪才刚怀孕，还没生孩子，一年也有个10万块钱的存款，手上不说多，30多万还是有的，借给二姨也不是不可以，但是阿琪心里不舒服，直截了当地就问："你们家这么多亲戚，怎么不去找别人？偏偏来找我们家？"

这一问，把二姨仅剩的面子都问没了。

二姨是个爱慕虚荣的女人，之前在所有的亲戚面前都喜欢臭显摆，唯独二姨的儿子和阿夜是从小玩到大的兄弟，二姨儿子的事情阿夜基本上都知道，与其卑躬屈膝去别人家借钱，还不如找个知道底细的，这样面子上还好过点。

二姨左一句"不好意思"，右一句"真的没办法"，阿夜都准备拿存折去取钱了，偏偏阿琪就是不愿意。

"你把钱借出去了，还不知道他们家什么时候能还。我这怀孕了，马上要花一大笔钱，你让我和宝宝怎么办？"

阿夜责备她："事有轻重缓急，你放心，我一定不能让你和孩子饿肚子的。”

阿琪不依不饶：“你对他好有用吗？就你二姨那个扶不上墙的儿子，你帮了他，他会记得你的好吗？他能不能还上这个钱就先不说了，你以后出了事，他会帮你吗？我看你就是心肠太好，你总要吃点亏才知道不能对谁都这么好！”

“什么叫对谁都这么好？他们是我的亲戚，我们是一家人！”

“你把人家当家人，人家把你当家人吗？你今天要是借出去这个钱，我们就离婚！”

阿琪的话说出了口，阿夜陷入左右为难的境地。

阿琪的性格阿夜是知道的，她如果这么说，她就敢这么做，而且阿琪在气头上，阿夜也没有办法弃之不顾。

最后阿夜没有借出这笔钱。

阿夜和二姨的关系突然间就宣告破裂，虽然表面上大家依旧和颜悦色，但暗地里二姨始终都记着这次的事，不论过去多久，这件事就像是长在阿夜和二姨两个人心中的一根刺，拔不掉，伤口也永远不会愈合。

阿琪孩子的满月酒二姨一家子都没有来，后来阿琪生了一场大病，花了近百万元，出院的时候二姨还是没有来，有一次家族聚会，二姨的儿子对阿夜说：“哥，我知道那件事是我做得不好，但是我妈从小到大对你那么好，我从小到大也都把你当成亲哥哥一样，我没想到你居然真能袖手旁观。我没指望你能对我和我妈多好，但是你这样真的很让人寒心。那天我妈回去哭了一个晚上，当初你和嫂子在一起，你知道你爸妈有多反对吗？是我妈一直在说嫂子的好话，不然你以为你爸妈怎么就突然改变了主意？我妈这人是虚荣，是要面子，所以她不到万不得已也不可能向你们小辈借钱，我真的没想到你居然一分钱也不拿出来。”

因为那些话，阿夜有很长一段时间都没能释怀。

阿琪听到二姨儿子的话，终究还是觉得自己做错了，买了水果和阿夜连夜赶到了二姨家。

阿夜说：“二姨，之前的事我真的对不起你，也对不起我弟，对不起……”

二姨没有责怪阿夜，只是对阿琪说：“姑娘，我知道你是为了阿夜好，也是为了你们这个家好，我没有理由怪你们……我一直以为我们是非常要好的家人，我不生气，只是寒心……事情都过去了，你们也就不要再愧疚了。”

过了很久，阿琪才把这件事情跟我们说。

那时候阿琪的儿子已经上幼儿园了。

她有个小妹恰好是我的同事，小妹结婚那天，阿琪对小妹千叮咛万嘱咐了一句话：“嫁了人之后，除了要关心你的老公，还要懂得理解和帮助你老公的家人。”

这么多年，阿琪终于成长了不少。

每个人都不是单独存在的个体，生活在这个社会，有家人亲戚，有同学同事，有朋友知己，谁都不可能离开其中任何一个团体。

家庭是一个人最大的支撑，也是唯一会无条件支持和帮助一个人的组织，如果无法处理好和家人亲戚之间的关系，那么在社会上也很难立足。

对谁都要有一颗感恩之心，尤其是那些陪着你的丈夫成长的家人。

两个人在一起，除了要帮助彼此、成就彼此，同时还要理解和帮助对方的家庭。要知道婚姻向来都不是两个人的事，而是两个家庭的事，真正地融入对方的家庭，为对方的家人设身处地地着想，才能更好地经营这段感情。

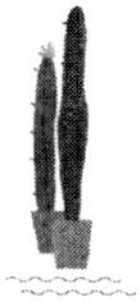

05.

让彼此成为优秀的父亲和母亲

陈小川每天9点钟下班，公司的事情实在是太多了，他总是忙得抽不开身。

陈小川有一个刚上幼儿园的儿子。

他的妻子冯蓝经营着一家淘宝店，每天都在家里忙着当客服，又忙着发货，也是忙得不可开交，因此孩子的接送一直都是一个老大难问题。

接送孩子这种事基本上都落在了陈小川的母亲身上。

老一辈的接送孙子倒没什么怨言，反正也是闲得慌，日子一直都是相安无事，直到有一天，老人在接孩子回来的时候，被一辆汽车撞到，右腿骨折，孩子也受了伤。

陈小川和冯蓝这才放下了手上的事情去了医院。

陈小川妈妈的主治医生是我一个好朋友，那天我在医院里等朋友下班，就看见陈小川和冯蓝火急火燎地冲进医院。

两个人气喘吁吁地抓住了我朋友的手，焦急地问：“医生，老人没事吧？”

朋友摇摇头道：“没事，但是接下来的两个月时间，病人都需要静养，不能走动。”

陈小川连忙向朋友致谢，然后跑去病房里接孩子。

孩子一看到大人就开始哭，动静很大。

陈小川怎么都哄不好，冯蓝把孩子从地上抱起来，拍拍他的背，哄了好久，孩子这才平静了下来。

好不容易消停了，陈小川蹙着眉头对冯蓝说：“以后就不要让我妈接孩子了，她年纪大了，就不辛苦她了。”

冯蓝听了这话，抬起头望向陈小川，问：“那你说谁来接孩子？”

“我公司里的事情实在是太多了，肯定是走不开的。你一个人在家里做淘宝店，时间比较自由，接个孩子又不需要你多少时间，以后就你去接孩子吧。”

冯蓝见事情要落到自己的头上，顿时脸色就变得非常难看：“你知道我每天都要忙到几点钟，你觉得我有时间去接孩子吗？而且我又不会开车，下雨天我怎么接？”

“我妈这么多天不都接过来了，我妈也不会开车，她下雨天不还是照样接孩子？”

冯蓝道：“那是你妈，我不行。”

陈小川相当不高兴，他看着冯蓝，说：“那你的意思是我妈就活该天天辛苦受累去接孩子，你就不行？”

冯蓝自然也不会高兴到哪里去，她沉默了许久，而后说：“孩子又不是我一个人的，凭什么你要把事情全部都甩在我一个人的身上？难道他不是你的孩子？”

“你简直不可理喻！”

“谁不可理喻？难道你把这种事情全部丢给你老婆就可以理喻了？”

两个人就因为孩子的接送问题在医院里吵了起来。

好不容易被哄好了的孩子又开始号啕大哭，场面一度十分混乱。

最后还是朋友开口了：“如果有事情需要讨论的话，麻烦两位回家去讨论，这里是公共场合，有很多病人都需要静养。”

小夫妻的脸上有点挂不住，悻悻地道了歉之后，消失在走廊尽头。

朋友长叹了一口气，道：“医院里这种事真是多啊！男人女人啊一遇到事情就容易不知所措，然后互相推卸责任，吵得不可开交。”

我点点头，说：“遇到事情就甩锅，这是大部分人的第一反应。”

“两个人在一起可不能这样，尤其是当着孩子的面，这样的影响真的太糟糕了，为人父为人母的，怎么连这点道理都不明白？”

不明白这些的人很多，毕竟懂得相互体谅，互相帮助对方成为优秀的父亲母亲的人不多。

当孩子出生之后，他的人生也随之降世，他的人生是什么样的走向，往往都由他的父母来决定。

所以，年轻的夫妻一定要学会一件事，那就是帮助彼此成为优秀的父亲和母亲，这样相互成就的两个人才能经营好一段感情和一个家庭。

一个做老师的朋友跟我讲过这样一个故事。

她的班上有一个孩子叫纯纯，从一年级开始，纯纯就经常不来上学，一开始家长还跟老师请假，后来次数多了，家长也就懒得请假了。

朋友只能去问纯纯的父母，为什么纯纯不来上学。

纯纯的母亲说："孩子说她不想上学。"

朋友如遭当头棒击，她简直无法理解，孩子不想来上学，难道家长就放纵孩子这样的行为吗？她耐着性子问："孩子不想上学，那你们就不送孩子过来了吗？不给她讲讲道理，让她明白上学的重要性吗？"

"上学的重要性能比我孩子的童年重要吗？"一句话，朋友就被对方怼得说不出话来，纯纯的母亲又说，"孩子不想上学，如果让她上学，就会给她幼小的心灵带来非常沉重的打击，这会给她造成非常严重的心理阴影，这会让她的童年不快乐，我可不希望我的孩子童年不快乐。"

朋友把这段信息发给我看的时候，她简直要爹毛。

我跟她说："要是从妈妈这条路走不通，你就从爸爸身上下手。"

于是朋友又去找纯纯的爸爸。

纯纯爸在一家公司做销售，得知了朋友找他的目的，他说：“孩子的教育问题一向都是我老婆管的，在这件事情上我充分理解和支持她，我认为夫妻两个人就是要达成一样的教育观念，如果夫妻两个人的意见都不统一，那么孩子的教育肯定有很大问题。”

朋友说：“夫妻两个人是要达成统一的意见，但是前提是这个意见得是正确的啊！”

纯纯爸说：“从我和孩子她妈结婚以来，我就什么事都听我老婆的，我觉得在做丈夫这一块，我已经很完美了，所有人都说我是一个好丈夫。至于孩子的教育问题，我觉得我老婆一手操办就很好，我非常相信我老婆。”

朋友无语。

朋友说：“孩子不愿意上学，偷懒不想学习，你和纯纯妈如果这样纵容下去，现在孩子不想上学就不上学，以后孩子不想工作就不工作，那谁来养活她？你们总不能管她一辈子吧？”

朋友好心规劝的结果是，第二天她就被校长找去谈话。

纯纯爸打电话给校长，希望校长让纯纯的老师有一点耐心。

朋友教书这么多年，第一次遇到这种情况，心塞无比。

她被纯纯爸妈说得有些怀疑人生，跑来问我：“难道是我的教育观错了吗？他们夫妻两个人这样子不是要毁了孩子吗？她爸跟我说他支持自己的老婆，说他们两个人要互相帮助彼此成为优秀的父亲和母亲，这不是在扯淡吗？”

我干笑了两声，说：“放心吧，这件事你没有错。互相帮助对方成为优秀的父亲母亲可不是这样子相互成就的。”

两个人孕育了爱的结晶之后，是应该互相帮助、互相扶持，让彼此在父亲和母亲的角色中表现得更好，但这并不是一件容易的事情。

我记得有这样一对小夫妻，两个人的性格相差很大，教育孩子的方式也相差十万八千里，但是他们从来都不会在孩子面前发生争执。

孩子还在学前期，女人经常去听当地的一些教育家的讲座，并认真地做笔记，回去和丈夫交流，两个人经常会就孩子的教育问题开短小的两人家庭会议。

也会有意见不合的时候，每当此时，为了防止两个人在孩子面前发生争执，女人会拿出事先准备好的笔记本说：“你把你的想法写下来，我把我的想法写下来，求同存异。”

然后两个人就会平静下来，各自把自己的想法写下来，再讨论整合成一个方案。

在孩子的培养问题上，两个人从来都没有含糊过。

也许今天他加班，那她就早点下班去接孩子。也许明天她有应酬，那他就早点去把孩子带到自己的单位去。

孩子对于他们来说并不是一种负担和累赘，教育孩子的问题虽然棘手但不代表没有解决的方法。

男人的脾气比较暴躁，经常会因为孩子的一些不好的行为习惯就想动手，每每此时，女人都会提醒男人不要冲动。

女人比较溺爱孩子，经常会惯着孩子的臭毛病，男人就会板起脸说教，提醒妻子“慈母多败儿”。

两个人从来不会因为孩子的问题破坏夫妻之间的感情，对于他们来说，互相帮助、解决问题，共同督促对方成为一个优秀的父亲和母亲是一件非常有意义的事情。

教育是每一对走向婚姻殿堂的伴侣都必须要去经历的疑难杂症，一个孩子未来的发展道路也和父母的教育息息相关。

如果夫妻之间感情不和睦，经常吵架，那么孩子的性格会变得敏感又叛逆。

如果夫妻都很溺爱孩子，孩子从小就娇生惯养，那么孩子就会变得软弱和经不起挫折。

如果夫妻都很严厉，从来不给孩子半点笑容，那么孩子就会变得畏首畏尾和无比怯懦。

所以，两个人在经营好一段感情的同时，也要彼此督促和激励，彼此学习和约束，彼此完善和成就，成为优秀的丈夫和妻子以及成为优秀的父亲和母亲。

后 记

掐指一算，我从事写作这一行已经八年了，写书这种事对我来说并不是一件难事。多数情况下，我喜欢抱着电脑走到咖啡厅里，在一个小小的角落里构建我的故事。

但这本书对我来说，却并不轻松。

我是一个常年写爱情小说的人，写的故事都是超现实的爱情，第一次回归到现实生活中的感情，帮助一些迷茫的姑娘解决爱情的困惑，耗费了我很长的时间和很多的精力。

在现实生活中，我不是很善言辞，但在故事里，我又是个能言善辩的说书人。

很多人看我的书，都会问："哎呀，欢欢姐，你怎么这么会写爱情啊？"

其实，我并不是一个成功的爱情导师。正如我在书里写的那样，在我的身边，有无数失败的案例，也不乏成功的、走得长远的爱情。

毕竟爱情这件事，本来就是没有标准答案的。

不是说看上去很匹配的两个人在一起就一定会幸福，也不是说两个人看上去差异很大，在一起就一定会出现很大的矛盾。

这就是我为什么要写这本书。

我们在追求、在寻觅，有人想要轰轰烈烈，有人想要细水长流，有人喜欢招摇过市，有人喜欢低调无声，每个人对于爱情的观念不同，对于幸福的定义也大相径庭，但这并不妨碍我们寻求爱情的统一标准。

这就是我一直在强调的——合适。

找一个合适的人才是最重要的。

爱情如人饮水，冷暖自知，不论表面上看上去多么光鲜亮丽和令人艳羡，如果穿着的是不合脚的高跟鞋，姿态高雅也只能是暂时的，很快你就会伤痕累累。

我希望我身边的每一个人在爱情这道单选题里都能找到最合适的答案。

我希望书中提到的这些失败案例在寻寻觅觅之后，都能给自己一个满意的交代。

我更希望的是，处在迷茫期的你在看了我的书之后，能有所思考，有所改变，有所舍弃，亦有所得。

愿天下所有的好姑娘都能找到对的人。